合気五輪書（下）

合気五輪書

保江邦夫

下

武道格闘技の最終奥義が
物理学の地平を拓く

海鳴社

はじめに

前著『合気五輪書（上）――武道格闘技の最終奥義を物理学で極める――』（海鳴社）においては、「合気」と呼ばれる神妙極まりない武術技法について、「剛体力学」の観点から「体の合気」の理合を明らかにし（地の巻）、「精神物理学」や脳科学の観点から「意識の合気」のメカニズムを解明し（水の巻）、「唯心論物理学」の枠組の中で「赤心の合気」の可能性について論じた（火の巻）。それに続く本書においては、まず古今東西において「合気」という名称は使われていない武道格闘技の流派の中で、明らかに合気技法を自在に操っていると思われる達人についてご紹介する（風の巻）。これによって前著で解明した「体の合気」、「意識の合気」、そして「赤心の合気」が普遍的な武術秘技の根幹を与える理合であることが示されるであろう。そこではまた、前著の内容の再確認もなされ、最終の「空の巻」においては武道格闘技界で初公開となる「空間」そのものに働きかけて変容させる究極の合気技法について詳しく解説する。これは「空間合気」ないしは「霊性合気」、あるいは「神性合気」と呼ばれるべき「合気」の頂点に立つ摩訶不思議な術理となるが、その理合を与えてくれる理論的枠組こそは、「空間」の超微細構造を世界で初めて解明した理論物理学者・湯川秀樹博士の「素領域理論」を形而上学的な領域にまで拡張した「形而上学的素領域理論」に他ならない。

この「形而上学的素領域理論」については拙著『神の物理学―甦る素領域理論―』(海鳴社)に詳しいが、本書においては「空間合気」の作用機序を理論物理学者ではない武道家や格闘家の人達に理解していただくために必要となる最小限の範囲を平易な言葉で解説するにとどめる。その中でも最も重要な事実は、これまで人類が盲目的に信じてきた

「空間は宇宙森羅万象の舞台となる単なる空虚な拡がりにすぎない」

という解釈が間違っていて、実は

「空間は宇宙森羅万象を表象させ、その細部に到るまで統御する能動的な物理的性質を持つ」

といえるということである。

そして、空間が持つそのような物理的能動性を人間が持って生まれた霊性によって精妙に操る奥義こそが「空間合気」や「霊性合気」と呼ばれる合気技法の最高峰にそびえる究極の「合気」に他ならない。もちろん、このように神妙な究極の合気の理合を実際に発動させる術理がどのようなものであるか、またその術理を自在に操ることができるようになるための修練としては如何なるものが必要となるかについてこそが、合気探究を目指している武道家や格闘家にとって最優先の課題となっているのは否めないだろう。しかしながら、神妙の域に達するための高度に精妙な術理修行の本質を言語化して表現することが不可能であることは、どの芸道においても長らく伝え続けられてきた事実でもある。

そこで本書「空の巻」においては「空間合気」の理合のみならず、これまでの半世紀以上にわたる著者自身の術理修行の中で、真に神妙なる究極の合気を体現することができるようになったことに不可欠だったと思われるものについても順次公開していくことにする。これにより、著者と同じ身体的、精神的、霊的体験の流れの中で精妙極まりない合気術理を非言語的、非論理的、暗黙知的に後身へと託すことができるのではないだろうか。神妙なる「合気」をその身で体現することを望むのであれば、読者諸姉諸兄においては本書「空の巻」を最後まで読み進んだ後に、是非とも著者が歩んだ修練の数々をご自身でもこなしていくことを強く勧めたい。そうすることにより、暗黙智力の働きによって何人かの心ある人々に武道格闘技の最終奥義としての「合気」を受け継いでもらえるものと、心より信じるところである。

著者自身が理論物理学者としての一生涯を賭して究極の合気の理合を明らかにすることができたのは、同時にこの宇宙という存在の真の姿を見出すことができていたからに他ならない。古稀を過ぎてこれらの最終目標にようやくたどり着くことができたのは、物理学の地平を形而上学的な方向へと拓いていくという、人類に残された最後の課題を常に意識していたからなのかもしれない。幸いにもノーベル賞理論物理学者の湯川秀樹博士が晩年に提唱されていた「素領域理論」を、この宇宙が「愛」あるいは「神の愛」の中に無数に生じた「素領域」と呼ばれる「泡」の集合体だとする「形而上学的素領域理論」へと拡張するという幸運に恵まれた著者も、既に老い先短い状況となっている。

願わくば、若き物理学徒の中に物理学の地平をさらにその先へと拓いてくれる有意の士が現れますように。

目次

はじめに……5
風の巻……13
○プロレス＝力道山…14
○本部御殿手＝上原清吉宗家…18
○二聖二天流柔術憲法＝柳川昌弘創師…26
○二天一流剣術＝諸井正毅宗範…67

○武神館九流派八法秘剣＝初見良昭宗家…74
○真義館空手＝麻山慎吾館長…79
○煎茶道黄檗売茶流＝中澤孝典家元…115

空の巻……125
○世界の成り立ち…132
○世界の実相…136
○人間とは何か…143
○神性の光と愛…149
○空間合気への道…163
○空間合気の理合…195
○空間合気の術理…207

おわりに……227

風の巻

武道格闘技界を古今東西俯瞰してみるに、達人とか名人と呼ばれた武術家や格闘家の中に周囲だけでなく本人自身もその妙技が「合気」と呼ばれる種類の奥義に属するものだと気づくことなく、実質的には合気技法を体現していた人達がいたと思われる。実際のところ、前著『合気五輪書（上）』において指摘した如く剣聖・宮本武蔵だけでなく針ヶ谷夕雲などの剣術の達人もまた、確かに合気の術理と同じ術理を身につけていたと考えられる。

とはいえ、遠い過去において活躍した伝説の武術家について残された記録や評伝には美化されたり誇張されたものも少なくない。そのため、この「風の巻」において取り上げる武術家や格闘家としては、著者の人生スパンに重なる範囲で生きた近現代の達人の中でのみ取り上げることにする。

○プロレス＝力道山

前著『合気五輪書（上）』の「地の巻」において明らかにした「体の合気」の理合と術理を体現していた武道家ないしは格闘家としては、まずはプロレスラーの力道山を思い描くことができる。テレビ放送が普及し始めた時期に街頭テレビに映し出された力道山のリング上での活躍に元気づけられた人が多かったことから、歴代プロレスラーの中でも最強チャンピオンとして未だに人気が高い。その強さの根幹を与える技は伝家の宝刀とまでいわれた「空手チョップ」だったこともよく知られている。

その名称から力道山が最後の最後に繰り出す「空手チョップ」は、空手修行によって身につけた「手刀打ち」と呼ばれる空手の技だと信じられていた。ところが、力道山はプロレスラーになる前は空手家だったわけではなく、日本の国技とされる大相撲の力士だった。そして、プロレスのリングに上がるようになったときに、相撲の稽古で体に染みついていた「突っ張り」と「鉄砲」を繰り出して対戦相手をダウンさせたことから、特に外国人プロレスラーに対して多用することになったという。プロレスを観戦していたアメリカ人の多くが相撲も「突っ張り」もまったく知らなかったため、力道山の「突っ張り」の動きを見て空手家による「手刀打ち」だと誤解したことから「空手チョップ」と呼ばれるようになったにすぎない。

　力道山が放つ「空手チョップ」の威力にはすさまじいものがあり、巨漢の外国人プロレスラーをなぎ倒す姿に全国の街頭テレビの前で歓声が上がったと聞く。だが、その威力の根底にあったものは空手の「手刀打ち」ではなく、相撲の「突っ張り」や「鉄砲」にあったのだ。確かに、様々な徒手空拳の武道格闘技の中にあって、相撲が最強の流儀だと考える向きも決して少なくはない。それは、立ち合いの瞬間に両脚の大腿筋から生まれる最大瞬発力を、剛体の如く一つに固めた腰から背中と両腕を通して相手力士の胸板から喉元にかけて作用させることで、相手の体を瞬時に吹き飛ばす術理を目指すことに明け暮れる稽古の賜物である。

　そんな稽古の中で最も重要視され続けてきたものが「鉄砲」と「四股」に他ならないことはよく知られている。「鉄砲」は相撲の技としては両腕を前方に伸ばして掌で相手の胸板や喉を突くというものだが、日常の稽古においては「鉄砲柱」と呼ばれる太くて頑丈な丸太の柱に向かって両腕を交互に伸ばし、掌が柱に当たった瞬間に足裏から手の指先に到るすべての筋肉を強く固めることを数限りなく続けることになる。これにより、前著『合気五輪書（上）』の「地の巻」において明らかにした

「体重移動や重心移動により発生する力を骨のすぐ側の筋肉を緊張させて固めた剛体としての肢体を通して相手の体に作用させる」

という「体の合気」の術理を体現させることができるのは、誰の目にも明らかであろう。

ここで相撲の基本鍛錬技法としては「鉄砲」よりもさらに多用される「四股」について一つだけ注意しておく。それは「鉄砲」と違って、現代の相撲で普及している「四股」は本来のものからは大きく逸脱したものが伝承されてきているということだ。このような正しくない「四股」を相撲などの武道格闘技の基本鍛錬として続けることで足首と膝の関節に重度の障害を抱えてしまう事例は決して少なくないにもかかわらず、現在に到るまで誰

も警鐘を鳴らすことがなかったのは悲しい事実である。

幸いにも著者は大東流合気武術宗範（「宗範」は師範の長の意である「宗師範」の略）の佐川幸義先生に直伝を授けていただいたことで、相撲が「手乞い（てごい）」と呼ばれる古神道の神事であった頃に生まれた「四股」の正しい動きが陰陽師の作法の中に連綿と受け継がれていたことに気づくことができた。その正しい「四股」の動きは、面白いことに現在の大相撲の作法の中にも残されてはいるのだが、誰も気づいていないようでまったく軽視されてしまっている。実に情けない限りだが、著者はこれまでに数名の才能ある有意の士を選んで正しい「四股」を伝授しておいたので、この先も完全に失伝してしまうことはないと信じている。

○本部御殿手＝上原清吉宗家

相撲力士からプロレスラーへと転身し、伝家の宝刀「空手チョップ」を振りかざして活躍した力道山は、こうして知らず知らずのうちに「体の合気」を操ることができていたと考えられるのだ。相撲の「突っ張り」や「鉄砲」が「空手チョップ」の根底にあるとはいえ、その名称の所以が空手の「手刀打ち」だと誤解されたことにあるのも事実だった。ということは、空手の「手刀打ち」もまた、相撲の「突っ張り」や「鉄砲」と同様に「体の合気」を体現させる潜在的な力を秘めているのではないだろうか。

現代空手の諸流派よりも古流空手の技法体系の中であれば、その「手刀打ち」が「体の合気」を反映しているのかもしれない。そのような体系としては現在まで失伝することなく続いている「本部御殿手（もとぶうどぅんでぃ）」と呼ばれる琉球国王の武術がある。それまで沖縄の空手界においてもほとんど知られていなかったその技法体系を「本部御殿手」という名称の下に世に出したのは、琉球王族の血を引く武術家・本部朝勇第十一代宗家に師事した上原清吉第十二代宗家であった。

御殿手が現代空手と一線を画することになる大きな特徴は、その独特の「運足」にある。

即ち、両脚の膝をできるだけ曲げることなく真っ直ぐな姿勢を保ったまま、絶えず歩き続けながら「突き」や「蹴り」さらには「取手」といった技を繰り出すのだ。

これについては上原清吉宗家ご自身の手になる「本部御殿手」の解説書『武の舞―琉球王家秘伝武術「本部御殿手」―』（ＢＡＢジャパン）に記されているので、以下に引用しておく。

＊＊＊

本部御殿手は多人数相手の闘いを想定して技が組み立てられています。そのため闘いの最中は決して立ち止まらず常に歩きながら技を使っていきます。立ち止まるのは最後の敵を倒して闘いが終わったときだけで、それまでは一瞬でも歩みを止めることはありません。

そのために本部御殿手では「歩く」ということを最も重要視しています。本部御殿手独特の歩き方とは「爪先立ちをして足の親指の付け根に重心をかけ、背筋を伸ばして膝を曲げずに腹を中心として全身で歩く」というものです。このように歩きながら相手に近付き、相手の動きを瞬時に察知して間合いを詰め必ず一撃で勝負を決めます。そして直ちに次の相手に向かって行くのです。一人に対する攻撃は一度だけ、必ず一撃で倒さなければ多人数を相手にすることはできません。また、どんな時でも絶対に後ろに下がってはいけません。相手の攻撃を避ける場合も、前進しながら体をかわし擦れ違うと同時に相手を倒します。前方の敵を倒しながら常に前に進むのです。

＊＊＊

膝を曲げることで足腰を安定化させたり、太い大腿筋による大きな瞬発力を生むことができると考える現代空手やその他の武道格闘技の世界を見回しても、このような一見武術向きとは思えない「運足」をしていたのは、他には大東流合気武術の佐川幸義宗範とロシア武術システマのミハイル・リャブコ創師ぐらいのものだろう。特にシステマにおける身

体操法の基本として伝えられている

「自然な呼吸を続ける」

「緊張しない」

「腰を折らず常に正中線を鉛直に保つ」

「移動し続ける」

という鉄則は本部御殿手の上原清吉宗家の動きに完全に反映されている。また、これらと同じご注意を著者が佐川幸義宗範から直接受けたことがあることからして、佐川先生が体現されていた「体の合気」を身につけるための基本でもあると考えられる。

実際のところ、「体の合気」の

「体重移動や重心移動により発生する力を骨のすぐ側の筋肉を緊張させて固めた剛体としての肢体を通して相手の体に作用させる」

という術理にある如く、「体の合気」で利用する力は体重移動や重心移動によって発生させる必要がある。つまりは、本部御殿手の上原清吉宗家やシステマのミハイル・リャブコ創師のように「歩き続ける」あるいは「移動し続ける」ことで「体の合気」を体現する必要条件が整うことになるわけだ。

また、先述の上原清吉宗家のご著書『武の舞』の中には

「攻撃するときは体重を攻撃する勢いで拳に乗せて打ち出し、決して腕のみの攻撃にならないようにする」

「突きはすべて顔面の位置に出される」

「両腕を同時に出していくのが特徴」

「蹴りは軸足を爪先立ちにして行い膝を曲げずに足を棒のように真っ直ぐ蹴る」

「蹴りは押し込むように蹴り込む」

などといった表記も見られるが、これらは前著『合気五輪書（上）』の「地の巻」で解明したボクシングのラッキーパンチやサッカー（フットボール）におけるラッキーシュートを生むための技法そのものである。

こうして、上原清吉宗家もまた「体の合気」を自在に操ることができた達人であったと考えることができるのだが、その上品かつ優美ともいえる御殿手による攻防の動きを見ると、まるで舞を舞っているかのように見える。上原宗家ご自身のお言葉の中にも御殿手の動きと琉球舞踊の動きに単なる形以上の深いつながりがあることを示唆するものが残されている。また、琉球舞踊の「按司方の舞方（あじかたぬめーか）」を披露して下さるときの宗家の動きは、まさに

「真っ直ぐな姿勢を保ったまま絶えず歩き続ける」

という本部御殿手の術理をそのまま具現した動きそのものである。

さらには、このような琉球舞踊における「運足」のみならず、手の使い方においてもそれが上原清吉宗家による本部御殿手の「体の合気」の効果を一段と向上させる工夫が見受けられる。それは、両手とも人差し指、中指、薬指、小指の４本を真っ直ぐにして揃えたままにし続けるというものだ。実はこうすることによって肩から指先までの腕の骨のすぐ側の筋肉であるインナーマッスルが、何も意識的に努力しなくても緊張するため、肩胛骨

から指先までを効率的に一つの剛体にしておくことが可能となる。即ち、「体の合気」を容易に体現させるための重要な「隠し技」が、親指以外の４本の指を揃えて一つに固めることというわけだ。

そして、この「体の合気」のための「隠し技」は本部御殿手から琉球空手にも伝承されていたため、現代空手に到るまで「手刀」や「貫手（ぬきて）」の形として隠されてきている。また、沖縄に大陸から中国拳法が「手（でぃ）」として伝えられていたことからして当然のことだろうが、達人として世界的に知られる詠春拳の葉問（イップマン）もこの「隠し技」によって「体の合気」を体現していたようだ。

○二聖二天流柔術憲法＝柳川昌弘創師

柳川昌弘という空手家の名前を知っている一般の人は決して多くはないのだが、武道格闘技の世界においては今も生きる空手の達人として知る人ぞ知る存在である。前著『合気五輪書（上）』において合気の達人として幾度となく言及した大東流合気武術宗範・佐川幸義先生と同じく、小柄な上に柔和な表情で物静かな雰囲気に終始される柳川昌弘先生の姿は芸術家あるいは思索家と見られることが多い。

しかしながら、その優しさを生み出した人生行路の荒波はなまじのものではなかったと聞く。幼少期に世話係によって自宅前の石段に頭から投げ落とされたことによる眼球の痙攣と激痛、さらには発熱や嘔吐といった強度の後遺症に悩まされ続けたのだ。そんな身体障害を自分自身で克服しなければならないと気づいた少年柳川昌弘は、空手の鍛錬に打ち込むことで少しずつ身体機能を取り戻していく。そして、己の体が背負った小兵で重度の後遺症というハンディーを克服する身体操法を見出し、ついには最強の空手家とまで称賛されることになった。常に死と隣り合わせの状態を生きてきたからこそ到達することができた柳川先生の境地は、仏教の根本教典である「法華経」の教えによっても強く裏づけられている。実際のところ、30才になったときには仏門の荒行に入ることで僧籍を得ているだけでなく、難解とされる「法華経」の平易な解説を見事に展開した大著『よくわかる法華経』（明窓出版）までも上梓しているのだ。その意味で、柳川昌弘という人物は剣聖・宮本武蔵と沢庵和尚を合わせた如き希有な存在であり、自ら創始した流派の名称として空手道や武道の枠を超えた

「人が自然の理から外れることなく生命をまっとうするための道」

としての「二聖二天流柔術憲法」としたことも大いにうなずけるのではないだろうか。

そう、ここにおいて「合気」と呼ばれる武道格闘技の最終奥義を示す

「宇宙天地森羅万象の調和が合気」

という佐川幸義宗範による解釈に加え、新たに

「人が自然の理から外れることなく生命をまっとうするための道」

という解釈が与えられたと考えたくなるのは著者だけではないだろう。確かに、柳川昌弘先生が和道流空手と和道流柔術拳法から出発して新たに武道を超えた道にまで拡げた体系の中で指導してきた基本技法は、「体の合気」の要でもある体の剛体化と「意識の合気」の指標ともなるオーラの可視化という両輪によって与えられている。

前者については、もちろん具体的に「体の合気」の名称は使われていないが、代わりに「順突きの理」と呼ばれる術理であると伝えられている。それは

「正中線と重心の操作が生む爆発的なパワーとスピードをインパクト時に全身を一体化して固めることで剛体とした体重を突きに乗せる」

といい表されているが、この表現は前著『合気五輪書（上）』の中の「地の巻」において公

表した佐川幸義先生による「体の合気」の術理

「体重移動や重心移動により発生する力を骨のすぐ側の筋肉を緊張させて固めた剛体としての肢体を通して相手の体に作用させる」

と共通のものとなっている。

後者について、それが「意識の合気」の理合とつながっている事実を明らかにするためには、同じ前著中の「水の巻」において示したよりも詳しく「精神物理学」の観点によって武術奥義の解明がどこまで進んでいるのかを知らなければならない。対戦相手の体の周囲に漂う「オーラ」を見ることができた柳川昌弘創師が「意識の合気」を操っていると結論づけるためには、それが必要となるのだから。

徒手空拳の武道格闘技において「合気」と呼ばれている最終奥義が、我が国の剣術界においては「夢想剣」という名称で語り継がれていた極意と同一のものか、あるいは同根のものと考えられることは拙著『脳と刀─精神物理学から見た剣術極意と合気─』(海鳴社)における論考で明らかとなった。ここでは、「ベルグソンのイマージュ」、「柳生十兵衛とガンツフェルト」、及び「自分はどこにいるのか」と題する3節の内容を引用することにより、その論旨を再確認しておきたい。

＊＊＊

ベルグソンのイマージュ

ニュートンやヘルムホルツといった高名な物理学者だけでなく、他にも多くの著名な科学者や哲学者が密かに精神物理学を研究していたことが知られている。その中にはフェヒナーのように精神物理学を学問として確立するために表舞台に登場した人もいれば、終生精神物理学にかかわっていることを伏せていた人も多い。時間について深い思索を続け相対性理論を提唱した物理学者アインシュタインに対し時間概念の根本を正し続けたことで知れ渡っているフランスの哲学者アンリ・ベルグソンは、ちょうど前者と後者の間に位置する。

ベルグソン自身が直接的に精神物理学に言及したことはないようだが、ベルグソンの哲学自体が実は精神物理学の基礎を与えるほどに根本的な科学的認識論の様相を呈していたのは事実だ。特に、外界認識の場面における人間の一見高度とされる精神作用による認識と、最も原始的な単細胞生物の外界認識との間に大きな差違はないということを見事な論旨で納得させた点は、精神物理学や脳科学においてももっと評価されるべきものだ。

ベルグソンによれば、我々が主に視覚や触覚で認識している外界に存在する様々な物体について、我々は決してそのありのままの姿を認識できているわけではない。我々の精緻な視覚認識をもってすれば、可視光線についての網膜受容体分解能の範囲で様々な物体の姿をそのまま見ることができているはずだと考えるのは、盲信にすぎないのだ。幾つかの例を挙げておこう。

初期の精神物理学や心理学で指摘されてきたように、実際には可視光線の連続スペクトルを見ていながら、我々は虹を七色や八色だと認識する。しかし、これは日常的に七色や八色のカラフルな自然背景や人工塗装を目にする高度な文明生活を営んでいる民族に特徴的なことであり、砂漠やジャングルなどの単調な色彩しか存在しない環境で原始的な生活を続けてきた未開民族において虹は三色程度にしか認識できない。我が国においても、やはり同じ理由により一般の国民の多くが虹が七色だと認識できるようになったのは庶民文化が勃興する江戸時代以降のことであり、それ以前は緑色も青色も共に「青」であり、茶色も赤色も「朱」としか見られていなかった。

また、フランスの文化人類学者がマダガスカル近海の島の原住民の集落に入り込んで調査していたとき、たまたま水平線の手前に軍艦の姿を見つけたので原住民達に沖を指差して知らせたそうだ。ところが、誰一人として軍艦が沖を航海していることがわからなかったので、最初は沖に見えているものが巨大な船だとは認識できないのだと考え、動く島だとか様々な表現を使って教え込もうとしたという。結局すべての努力は徒労に終わり、最後に気づいたことは原住民の眼には何かが水平線の手前にあるとは映っていなかった、即ち海と空しか見えていなかったということだった。原住民の視力は文化人類学者のそれを圧倒的に上回っていたにもかかわらず！

専門は文化人類学だったのだが、その後この不可思議な現象について考えを巡らせた結果、その学者は人間の視覚認識についての驚くべき新事実を発見することになる。それは、フランス人の学者ならば誰でも一度は読んだことのある、ベルグソン哲学の基盤となる外界認識についての考察に基づいたものだ。つまり、原住民はこれまで一度も軍艦を見たこともなかったために、その物体としての姿が原住民の網膜に像として映り込んだ結果の視覚刺激が脳の視覚野に送り込まれていたにもかかわらず、原住民の脳にはその視覚刺激を認識させるための素材であるイマージュ（「心像」と訳されることもある）が形成されていなかったために視覚刺激が無視されてしまった。そのため、原住民は軍艦と呼ばれる異形の船を認識することができず、眼には空と海のみが見えているとしか認識していなかったのだ。

　自分が何とかたどり着くことができたこの考えの正しさを確認するため、その文化人類学者はパリの同僚に手紙を書き、フランス海軍の協力を得て大がかりな実験をすることになった。何と、軍艦の側壁に巨大なバナナの絵を描いて、その島の沖を再び航行させるというもの。予定どおりの日時にバナナを描いた軍艦が沖合に姿を見せたとき、文化人類学者は黙って成りゆきを見守っていた。すると、どうだ。先回は軍艦を見ることさえできていなかった原住民達が、一人また一人と海にバナナが浮かんでいると叫び我先に沖に向かって泳ぎ始めた。軍艦ははるか沖の彼方を航行しているので原住民達がとうてい泳ぎ着くことはできない相談なのだが、原住民の目にはバナナが海に浮かんでいるとしか映っていないわけで、それがあの程度の大きさに見えるということはほんの一泳ぎの距離に浮いていると理解して取りに行ったに違いない。

　その光景を見守っていた文化人類学者は自分の仮説の正しさを確信したのだったが、人間はベルグソン哲学におけるイマージュ認識でしか外界を認識し得ないという事実を視覚認識について裏づけることができた瞬間でもあった。即ち、我々が物体を視覚によって認識するとき、その物体の物理的映像をそのまま認識しているのではなく、イマージュ、即ち既に素描として認識できる最小単位によって置き換えて認識しているにすぎないことが実験的に確かめられたのだ。

沖を進む軍艦のような物体の物理的映像は原住民のイマージュの中には存在せず、それをイマージュで置き換えることができないために認識することができなかったと考えられるわけだから。そして、同じ軍艦にバナナの絵を描いたものについては、原住民のイマージュの中にバナナのイマージュが存在していたため、バナナの絵を描いた軍艦の物理的映像はバナナのイマージュによって置き換えられて認識されたと理解できる。つまり、原住民の認識にとってそれは本物のバナナそのものだったのだ。

ただ、この文化人類学者の話には異論をはさむ向きも多いかもしれない。原住民の認識を直接に読み取る方法がない以上、すべては状況証拠で組み上げた推論の域を超えるものではないと指摘されればそれまでなのだから。とはいえ、これに似た話はもっと昔の時代にもあったようだし、我が国にもあったようだ。

それは、一五二〇年にマゼランの大型帆船が南米のフェゴ島に停泊したときのことだ。それまで小さな丸木船しか見たことがなかった島民にはマゼランが乗ってきた帆船の姿が映らず、どのようにして島にたどり着いたのか理解できなかったという記録が残っていたという。

また、江戸幕府末期の一八五三年にアメリカ合衆国海軍の蒸気軍艦が浦賀沖に四隻姿を現したとき、当時の日本人の中には他の人々が指差す沖合に異形の蒸気船の姿をどうしても見ることができなかった人々も少なくなかったという記録がある。マダガスカル沖の島の原住民と同じで、それまで蒸気船はおろか外洋を走る大型帆船の姿すら見たことのなかった一般庶民のイマージュの中には、蒸気船のイマージュや帆船のイマージュなどはなかったからに違いない。

しかしながら、幸いにも近年における脳科学研究の進歩、特に視覚機構についての実験的研究の進歩については著しいものがあり、その中にはベルグソンのイマージュ認識の正しさを科学的に裏づけたものも少なくない。ここでは、有名なひとつの例だけを取り上げておこう。

最先端技術で初めて可能となった角膜移植による視力回復手術が、生まれてまもなく視力を失って五十年以上になる男性患者に対して行われることを知ったイギリスの脳科学者は、患者本人や主治医の許可を得て視力回復直後からの視覚認識の形成過程を詳細に観察することにした。通常はそのような視覚認識形成は誕生後の乳児期に行われるため、その内的変化を誰も憶えていないし周囲の大人に語って聞かせることもできない。従って、人間が視覚認識を勝ち取るプロセスがどのようなものなのかを明らかにする手がかりさえも得られていなかった。ところが、成人になってからの人が初めて視覚によって周囲の物体を認識することができるようになるのであれば、そのとき如何なる内的変化を伴うのかを本人が詳細に語ってくれることができる。

脳科学者は期待と共に手術後の患者の動向を見守った。全盲の状態で成長してきたため、その患者の外界認識、特に様々な物体の形状認識は主に触覚で培われてきていたという。そして、日常的に触れることができていたものについては、それがたとえ車ほどの大きさであっても形体を正しく捉えることができていたため、視覚を得て初めて目にした物体についてでも問題なく見ることができ特定することができた。つまり触覚認識によって生まれていた物体のイマージュを、初めての視覚認識の場面においても使用することができたと考えられる。

ここで、脳科学者は患者に問う。これまでの人生の中で会話やラジオなどの音声情報でその存在を聞いたことはあっても一度も触ったことのなかったものの中で、一番見てみたいと思うものは何かと。その患者が答えたものは、工場で機械部品を加工するときに使うと聞いた「旋盤」という工作機械装置だった。確かに、目の不自由な人が手で触れて認識することが難しい物体ではある。

そこで、旋盤を展示してある場所に患者を連れていき、旋盤を初めて目にする瞬間を明確にするために直前から目を瞑っていた患者が、眼前のガラスケースの中にあるのがお目当ての旋盤だと聞いて瞼を開けたとき、本人にも周囲の人々にも大きな戸惑いが走った。それもそのはずで、周囲の人達が目の前にあるのが旋盤だと教えてくれているにもかかわらず、そこには何もなかったのだから。そして、旋盤という機械を見るという長年の夢がかなったはずの患者が、何の感動も興味も示さずボンヤリと「ガラスケース」を見ているだけなのだから。

何が起こっているのかを明らかにしたいと思った脳科学者が患者から聞いたところ、患者には旋盤がまったく見えていないということが判明する。その原因が患者の中で旋盤のイマージュが形成されていないことにあるのではないかと考えた脳科学者は、再び目を閉じて勝ち得たばかりの視覚を封じ込めた上で、これまでの長年の全盲生活でそうしてきたように、初めての物体である旋盤を両手で思う存分に触ってみるように患者を促した。大いなる感動と共に念願の旋盤を触覚で認識できた患者を、まだ目を瞑ったままで先程のように旋盤全体を正面に見渡せる位置まで連れてきたとき、脳科学者は前を見るように指示する――。

すると、どうだ。ついさっきまではまったく見えていなかった旋盤が、眼前にありありとその複雑な姿を現したという。そう、我々はありのままを見ているわけでは、決してないのだ。ベルグソンの認識論哲学でいうイマージュを見ているにすぎず、従ってイマージュがまだ形成されていないものについては見ることはできない。

ここで一刀流の極意に戻ろう。

顔をこちらに向けて相対している相手と正面から向き合っているとき、相手の後ろ姿を見ることができる瞬間を待って太刀を振り下ろすという、一見無茶苦茶な印象を与える口伝だ。相手の正面を見ている状況で幾ら待ってみたところで、その後ろ姿が見えるようになるとは思えないし、見えるのは相手の正面だけに決まっている――。だが、本当にそうなのだろうか。ひょっとすると単に我々がそう思い込んでいるだけなのではないだろうか？

先程ご紹介したベルグソンの哲学に端を発した視覚認識についての脳科学からの研究によれば、我々は周囲の物体をそのまま認識しているのではなくベルグソンのいうイマージュを認識しているにすぎない。ということは、互いに正面から向き合っている相手の姿だと認識しているものは、単に自分が作り上げた相手のイマージュと呼ばれる精神的実体ということになる。そこから引き出される可能性としては、見ている相手の姿が精神的実体にすぎないのであれば、それは自分自身の内面である精神状態が変わることによって異なるものに変容することもあり得るということだ。

即ち、一刀流の極意は次のように解釈されるべきなのではないだろうか？

「太刀を振りかぶり、己の精神的内面を相手の立ち姿にその後ろ姿が重なって見えるような状態にすることができたときに振り下ろせば、必ず相手を斬ることができる」

相手の後ろ姿が見えたところで、別に飛び道具を背中に隠し持っていない限りは、そのこと自体が相手を斬り倒すことに有利に働くとは考えられない。従って、「正面を向いている相手の後ろ姿を捉えたときに太刀を振り下ろせば必ず相手を倒すことができる」という主張は、たとえ本当に相手の後ろ姿を見ることができるとしたとしてもそれだけで必ず相手を倒すことができることにはつながらないという反論を呼んでしまう。

だが、それを「正面を向いている相手の後ろ姿をも捉えることができるような精神的内面となれば、そのときに太刀を振り下ろすことで必ず相手を倒すことができる」と読み替えるならば、反論や疑問は急減するに違いない。自分自身の精神状態の操作によって剣を交えて闘う場面における勝敗、即ち生死の行方が定まるという考えは、剣術修行の中に禅定までもが取り入れられてきた我が国における武道の発展史の中で広く認められているのだから。

では、こちらを向いて相対している相手の後ろ姿を見ることができる、つまり相手の姿のイマージュが後ろ姿のイマージュに重なるような精神的内面とは如何なるもので、またどのようにすればそのような精神状態に至ることができるのだろうか?

これまでの考察の範囲からだけでも、この問いかけに対する答を得ることができたなら小野忠明が伊藤一刀斎から授けられた夢想剣を実際に操るための大きな一歩を踏み出すことになることが容易に想像できる。そして、問いかけ自体が脳の精神的操作とその働きに関するものであることから、答を見出すために必要となるものが精神物理学や脳科学であることに疑いを差し挟む余地はないだろう。

柳生十兵衛とガンツフェルト

一刀流の開祖である伊藤一刀斎が小野忠明に伝えた夢想剣。それが如何なる剣技であったのかを現象として伝える逸話は多いのだが、ではその夢想剣を操るための技法はどのようなものだったのかというと、残念ながら現在では完全に失伝してしまっていると見られているために定かではない。

幸いなことに、語り継がれている幾つかの一刀流極意の中にある

「太刀を振りかぶり、相手の後ろ姿を捉えたときにそのまま振り下ろせば必ず相手を斬ることができる」

という口伝を新たに
「太刀を振りかぶり、己の精神的内面を相手の立ち姿にその後ろ姿が重なって見えるような状態にすることができたときに振り下ろせば、必ず相手を斬ることができる」
と解釈することにより、夢想剣を実現するためには自分の精神的内面の操作が必要となることが推察された。そして、そのような内面操作が相手や自分に及ぼす実際的な効果については、精神物理学と脳科学による研究が必要となることも明らかとなった。

夢想剣の秘技に精神物理学から迫ろうとするとき、真っ先に浮かんでくるものは「夢想剣」が何故に「夢想剣」と呼ばれているのかという疑問だ。名は体を表すというが、「夢想剣」をそのまま素直に解釈すれば「夢想する状態での剣法」となる。つまり、夢見心地で太刀を振る剣技といえる。そして夢見心地といえば、確かに精神的内面を表現するものとなっており、夢を見ているときの精神状態（夢見状態という）ということになる。むろん、眠っているわけではないので、この場合の夢は睡眠状態での夢とは違う白昼夢のような意識状態での夢と考えなければならないのだが、そのような夢を見ることが可能な意識状態は変性意識状態と呼ばれている。

実は、精神物理学においてこれまで精力的に研究されてきたものに、夢見状態と同様な変性意識状態を形成する感覚遮断実験があるのだが、そのひとつの手法にガンツフェルト（ドイツ語で「全視野」の意）がある。特殊なゴーグルを装着したりピンポン球を半分に切って両眼をそれぞれ覆うようにすることで視野の中に随意に焦点を合わせることができない状態になるが、これにより視覚認識についての感覚遮断が実現される。これをガンツフェルトと呼ぶ。このガンツフェルトにより得られる精神的内面は夢見状態に近いと考えられ、一九三〇年代からドイツやオーストリアにおいて精神物理学の代表的な実験研究手法として盛んに行われていたようだ。

武道流派に伝わる「八方目」と呼ばれる目付の極意は現在では「自分の目で自分の周囲をくまなく見ること」と曲解されてしまっているが、その真意が「視野の中のどこにも焦点を合わせないこと」にあったと考えられる口伝も残ってはいる。つまり、ガンツフェルトと同じ状況を自分自身で作り出すことによって、精神的内面を夢見状態を再現する変性意識状態にもっていくことが重要視されていたのだ。視野のどこにも焦点の合っていない虚ろな眼は、命をかけた斬り合いに臨んでいる人間の目付としては一見まったく相応しくないように思える。相手の動きや表情だけでなく、太刀筋や周囲の障害物等までもが明確に見えるよう、まさに射抜くような鋭い視線を投げかけるのが相応しいのだから。

だが、相手を射抜くように注意深く見ている限り、こちらに正面を向けている相手の後ろ姿が見える可能性はゼロのままだ。だが、焦点の定まらない虚ろな眼で見ているのであれば、文字どおり相手の立ち姿の詳細など眼中にないことになる。そのような状態ならば、相手の立ち姿が正面から見た形になっているのか、背後から見た後ろ姿の形になっているのかはっきりしないはずだ。つまり、相手の立ち姿にその後ろ姿が重なって見えるような状態になっていると考えられないこともないわけだし、もとより夢見状態のような変性意識状態になっているとすればむしろ後ろ姿に映る一瞬があるのかもしれない。

これは武道に関する話ではないが、長時間の緊張と視界を遮られたままの単独飛行によってまさにそのような変性意識状態に追い込まれたと思われる過酷な大西洋単独無着陸横断飛行時において、チャールズ・リンドバーグは自分自身の視界に限界がなくあらゆる場所を一度に見ることができ、すべてを知ることができたという印象を語っている。そして、視界が閉ざされた愛機スピリット・オブ・セントルイスの中にいながら、悪天候と疲労に襲われていたパイロットがあらゆる場所を見ることができるというのは、命をかけて相手と対峙する剣士の目にこちらを向いているはずの相手の後ろ姿が映るという状況に共通したガンツフェルト的な精神状態が実現されているからではないだろうか?

夢想剣の秘技を実現するのに必要とされる技法のひとつがガンツフェルト、即ち視野のどこにも焦点を合わさない虚ろな視覚認識ではないかと推察することができたわけだが、これを裏づけるのが柳生十兵衛にまつわる逸話だ。既に述べたように、柳生十兵衛三厳は小野忠明から短時間のうちに夢想剣の極意を授けられた。つまり、その後は父である柳生但馬守よりも強い実力者の剣豪として名を轟かせることになる十兵衛は、小野忠明から本当に夢想剣を学ぶことができたことで天下無敵の柳生家嫡男と謳われるに相応しい器量を身につけたことになる。

柳生十兵衛は柳生門下の村田与三と共に小野忠明の道場を訪ね、従って十兵衛も与三も夢想剣を授かったのだが、その後の剣技の上達ぶりは十兵衛に軍配が上がったようだ。柳生十兵衛についての武勇伝は多く残されていても、村田与三についてはは知られていないからだが、むろん柳生家嫡男と一介の門人では扱いが違うと考えられなくはない。しかし、生死を懸ける真剣勝負が認められていた当時の剣術の世界では、血筋や家系よりも実力で名を上げることが求められていたわけだから、門下の村田与三にハンディーがあったとは思えない。

ということは、小野忠明から等しく夢想剣の極意を授けられた二人だったが、その秘技を自分自身で操ることに関しては柳生十兵衛が村田与三よりもずっと長けていたことになる。また、夢想剣を実現するための必要条件的な技法のひとつが「視野のどこにも焦点を合わさない虚ろな視覚認識」だとすれば、十兵衛は少なくともこの点に関して村田与三よりも秀でていたことになる。

ここに、柳生十兵衛の剣術研究を精力的に続ける剣道家、村山尚雄師から教示いただだいた重要な事実がある。十兵衛が隻眼《せきがん》だったことは広く知られるところだし、その原因が子どもの頃に父である柳生但馬守との容赦ないほどに厳しい剣術稽古にあったとも聞くことが多い。むろん、残された当時の肖像画が独眼流の姿ではなかったために隻眼ではなかったと主張する向きもあるが、完全な失明ではなく極度の弱視となっていたので眼帯はしていなかったと解釈することもできる。

だが、新たに村山師からうかがったところによると、父親が容赦なく打ち込んできた木剣を両眼に幾度も受けた十兵衛は、実は両方の眼を傷めてしまいその後目を開けていてもその視野は常に霞んだ状態でしかなかったという！　そしてまた、普通に考えれば武芸者にとって大きなハンディーになると思われる不完全な視覚認識しか持ち得ていなかったことが、逆に柳生十兵衛の強さを類い希なところにまで高めるのに役立ったのだとまでも——。

なるほど、そうなれば小野忠明から夢想剣の秘伝を授かったときの十兵衛は、何も努力しなくてもガンツフェルトのように視覚についての感覚遮断ができていたことになる。だからこそ、すぐに夢想剣を使いこなすことができ、天下一の剣術使いの名に恥じぬ実力者となったのではないだろうか。それに比べ、同時に同じ秘技を教わった村田与三は正常な視力を持っていたため、せっかく授かった夢想剣を操るための必要条件のひとつであった「視野のどこにも焦点の合っていない虚ろな眼」に至ることが難しく、結果として完全には秘技を使いこなすところまでには至っていなかった――。そのために、その後剣豪として認められることはなかった。

柳生十兵衛が小野忠明から夢想剣を極めて短期間のうちに正確に継承することができた背景には、まず夢想剣そのものの技法の中にガンツフェルトの如く視野のどこにも焦点の合っていない虚ろな眼をすることにより相手の後ろ姿をも捉えることができる精神的内面を作り上げるという内面操作が入っていたことと、十兵衛自身が既に両眼を傷めていたおかげで常時ガンツフェルトが実現されていた特殊な視覚認識を持ち合わせていたことがある。柳生十兵衛の剣術に精通した剣道家の指摘により、伊藤一刀斎から小野忠明へと伝承された一刀流の秘技「夢想剣」が、徐々にその姿を明らかにしてきたのだ。

それだけでは、ない。時を同じくして、灘高の物理教員で武道経験豊かな浜口隆之師から教示いただいたところによると、剣道の居合術における基本の中に「遠山（えんざん）の目付」があり、居合抜きにおいてははるか彼方の山々を眺めるような虚ろな視覚認識にしておくことが重要だと伝えられているという。

また、浜口師が大阪で師事していた中国拳法の師範は、夜の公園で稽古をつけて下さるときにストッキングを短く切ったもので両目を覆うように巻きつけ、おぼろげな視野があるにはあるがどこにも焦点を合わせることができない状況で拳法の自由組手をしていたそうだ。このストッキングを利用した視覚認識を阻害させる手法は、まさにガンツフェルト実験で使われる網目がかけられた特殊なゴーグルと同じで、夢見状態のような変性意識状態を生み出す効果がある。ということは、現代に継承された多くの武道の中にも、こうした特殊な精神的内面を利用する極意技法が失伝することなく残っている場合があるのだ。むろん、そのような極意は秘伝扱いとなっていてその武道流派以外の人間には存在すら教えられないのが常だろうが、様々な武道において古来から密かに伝えられてきた精神的内面状態を操作する極意技法に精神物理学の枠組から科学的解析を進めておくことは、長年隠されてきた人間存在の根底に触れるような人類の文化的遺産の存在に光をあてることになるはず。その意味でも、本書が契機となって武道の極意技法を精神物理学の観点から研究する動きが生まれることを望んでやまない。

自分はどこにいるのか

視覚についての感覚遮断で得られるガンツフェルトから精神的内面に夢見状態のような変性意識状態が生じることは、一九三〇年代のドイツやオーストリアにおける精神物理学における実験研究で確認されてから、一九八〇年代のアメリカにおけるチャールズ・ホノートンによるテレパシー研究によって積極的に利用されるようになるまでそれほど重要視されてはいなかった。ハンス・ベルガーが脳波計を発明した直後の一九三〇年代のドイツにおける精神物理学は、ベルガー自身が脳波とテレパシーの関係を研究していたことからもわかるように、テレパシーや透視などの超能力も脳機能の現れとして捉えていた。その流れは、西海岸を中心とした抗文化運動（いわゆる「カウンターカルチャームーブメント」）以降にアメリカにおける脳科学と精神物理学に引き継がれていく。

その後の精神物理学研究の現場は、様々なコンピューター断層撮影法（コンピュータートモグラフィー、いわゆるCT）の開発によって大きく様変わりしてくる。脳組織の活性分布を撮影することができる単光子放出コンピューター断層撮影法（SPECT）や機能的磁気共鳴画像法（fMRI）、さらには陽電子放出コンピューター断層撮影法（PET）や近赤外光脳計測装置（いわゆる光トポグラフィー）の出現により、脳の中のどの部位が活性化あるいは不活性化されるかを突き止めることができるようになったためだ。

中でも、アンドリュー・ニューバーグとユージーン・ダギリが単光子放出コンピューター断層撮影法を用いて深い瞑想状態の宗教家の脳活性を計測した研究が、あらゆる場所を一度に見ることができすべてを知ることができるという、ある意味で「神につながった」と感じる変性意識状態をもたらす脳の作用機序解明の草分けとなったことは広く認められている。

　そこで見出されたことは、深い瞑想によって神との結びつきを感じ、生きとし生けるものすべてと一体化したと感じる宗教家の脳において、特に周囲の他者と自分を区別する感覚情報、つまり自己と非自己との間を分け隔てる境の存在を知らせる神経信号を脳の様々な部位に絶えず伝えている部分が不活性となることだ。それは頭頂葉の上後部に位置する神経束であり、通常は自分自身の物質的な限界点についての情報を脳に送り出し続けている。自分がどこにいるのかを、絶えず脳に知らせているといってよい。その部位が不活性となって機能が滞ったならば、その瞬間から脳は周りの世界との境界や他者との区別をまったく感じなくなり、宇宙の中のすべてのものとつながった一体感を感じる。

　脳における同じ現象が宗教家でなく、例えばリンドバーグのような冒険心溢れた飛行家に訪れたとすれば、自分自身の視界に限界がなくあらゆる場所を一度に見てすべてを知ることができるという精神的内面が得られたはずだろう。そして、それが互いに刃を向け合っている剣士の一方に訪れたとしたならば、正面を向いているはずの相手の後ろ姿を見ることさえできる精神状態となるに違いない。

だが、生死をかけて闘っている剣士が瞑想中の宗教家と同じ内面操作によって、頭頂葉の上後部に位置する神経束の働きを阻害することができるとは考えにくい。あるいは日頃からの厳しい禅定修養によってそれが可能になっていたとしても、何かのきっかけで再活性化することもあるに違いないため、そのような精神的内面は盤石なものではないはず。そうすると、剣術の極意を出し切った勝敗も時の運に支配されてしまうことになり、とても剣術の秘技などと謳うことはできない。極意として授けられる技法であるならば、いつ如何なるときにも相手に打ち勝つ絶対的なものでなければならないのだから。

そこで、こう考えてみよう。たとえ瞑想が不充分で自分自身の物質的な限界点についての情報を脳に送り出し続けている神経束自体の活性が衰えていなくとも、何らかの理由によってもし自己と非自己の境界を認識する感覚情報自身が途絶える、あるいは不完全な形で入ってくるのであれば、やはり自分がどこにいるのかを絶えず正しく脳に知らせている機能が働かないのと同じ結果となるはず。すると、やはりその瞬間から脳は周りの世界との境界や他者との区別をまったく感じなくなり、正面を向けて太刀を構えている相手の後ろ姿でさえ見ることができる。

そして、自己と非自己の境界を認識する感覚情報の主要なものが視覚によって与えられることを考慮すると、視野のどこにも焦点の合っていない虚ろな眼をすることによってそのような感覚情報を途絶えさせていたのではないかとさえ考えられるようになる。

こうして、伊藤一刀斎から小野忠明へと受け継がれた一刀流の秘技「夢想剣」の極意の中に、精神物理学における脳機能と精神作用機序についての現代脳科学に基づいた最先端の研究成果につながるものがあるのではないかという確信をより強くする結果となった。

＊＊＊

以上の3節において展開された考察によれば、武術の真剣勝負の場面における必勝の秘術は剣術秘伝としての「夢想剣」がそうであるように、何らかの変性意識状態に自分の内面を持ち込むことが必要となる。中でも、両眼視力が弱くなっている場合には「ガンツフェルト」と呼ばれる特異な暗黙知的な感受性が高まることで、武術家としての技量が向上すると考えられた。これは実在の剣豪として知られる柳生十兵衛を例にすることで容易に理解することができたのだった。柳生十兵衛が独眼流であったことはよく知られているが、残りの目も父親との荒稽古によって幾度となく木剣で打ち込まれたことで弱視となったために視界は狭くボンヤリとしたものだったという。

ここにきて、ようやく二聖二天流柔術憲法の柳川昌弘創師もまた武道格闘技の最終奥義である「合気」を自在に操ってきたという事実を裏づけることができることになる。それは、幼少期における不幸な出来事によって眼球の痙攣と激しい痛みを伴う後遺症のために子どもの頃から満足な視力を得られないままで空手を修練していったということから、柳生十兵衛と同じ「ガンツフェルト」効果による変性意識状態であり続けたと考えられるからだ。

さらには、空手や武道関係のみならず

『オーラ速視術―霊能の神秘を公開―』（公人の友社）
『あなたにもオーラが見える―簡単にできる速観トレーニング術―』（ベストセラーズ）
と題する著書まであることから、オーラをも見ることができるだけでなくそれを空手の攻防にも利用していたのではないだろうか。
著者にも経験があるが、世の中には確かに人体周囲に広がるオーラを見ることができる人がいるし、そのオーラの状態をリアルタイムで掌握することによって「意識の合気」を効果的に操ることができるのは間違いない。これについては拙著『唯心論武道の誕生―野山道場異聞―』（海鳴社）において公表したことがあるので、以下にその部分を引用しておく。

＊＊＊

ともかく、寒い季節になってからもまったく冷たくならない畳のおかげで、土曜日午後の稽古は毎週続いていった。そして、年の瀬も押し迫ったある日のこと、後半の冠光寺流柔術の稽古に初顔の女子大生がきた。友達に誘われてきたという学生は、ごくごく普通の人に映ったのだが、稽古が始まって皆の前で僕が門人相手に技の見本を始めた瞬間に考えられないような行動に出てしまう。いきなり「キャー恐い」と叫んだかと思えば、隣に正座していた友達に抱きついていったのだ。

当然ながら僕も相手の門人もびっくりしてしまい、見本の技を途中でやめた上でその女子大生に近づいていく。女子大生を怯えさせるほど危険で激しい技をしようとしたわけでもなく、皆の前で何かまずいことをしたとも思えなかったのだが、叫び声が尋常ではなかったのでまずはいったい何があったのかを知りたかったからだ。

何が恐かったのかという僕の問いかけに逆に躊躇し始めたかのようだったが、それを察した隣の友達が答えてくる。

「この子は、実は人のオーラが見えてしまうんです。それで、何か私達には見えない恐いものを見たので怯えたんだと思います」

オ、オ、オーラ！

突然に降ってわいたスピリチュアル系の用語に驚いたのだが、まあテレビにはオーラを見てその人の問題点を指摘する芸人までもが登場しているわけだし、どうせそんな番組の見すぎで自分で勝手にそう信じ込んでいるだけだろうというのが僕と門人の共通した判断だった。しかし、たとえそうであっても初めて稽古に参加した女子大生に叫び声を上げられてしまったのだから、ここはきちんと声をかけて対処しておかなければならない。

そう考えた僕は、怯えている学生に向かってできるだけ笑顔を作りながら聞いてみた。

「オーラが見えるという人に初めて会ったが、しかしオーラが見えたらどうしてそんなに恐くなるのかなー。テレビなんかで紹介しているのは、単に様々な色を持った輝く空気のように映るものだったと思うけど――」

それに対する本人の返答は、東京の佐川道場で佐川幸義先生直伝の合気で投げられてから何となく感じていた合気のからくり、つまり拙著『合気開眼―ある隠遁者の教え―』（海鳴社）でもご披露した僕の魂が胸の奥から頭の上に解放され相手の魂を包むという感覚的理解をまさに裏づけるものだった。しかも、しかもだ、僕自身それまでに野山道場では誰にもそんなことを話してはいなかったのだ。

信じがたいかもしれないが、その学生は次のように説明した。

これまでもたくさんの人のオーラを見てきたが、それは恐いという種類の感情が湧き出るものではなかった。ところが、道場で技を見せるために僕が相手に合気をかけようとした途端、僕の身体を包んでいた蛍光紫色のオーラが上の方から前に伸び出していき相手をしていた門人の身体を包んでいる純白色のオーラの中に侵入していったそうだ。そして、門人の白色のオーラが上の方から段々と紫色に染まっていって、ついには足下の辺りまで僕の紫色のオーラが侵略してしまったときに門人の身体が倒れてしまう。このようにある人のオーラが他の人のオーラを侵略するなどというおぞましい場面などこれまで一度も見たことがなかったため、その女子大生は極度の恐怖を感じて叫んでしまったのだ。

僕のオーラが頭上から相手のオーラを侵略していく！

そう表現された僕自身には見えない現象は、しかしながらそれまでおぼろげにつかみかけていた合気のからくり、即ち僕の魂を後頭部の上に解き放ち相手の魂を包んでいくという何の根拠もなしに感じていたものを見事に裏づけてくれるように思えた。しかも、その後門人相手に稽古している様子を眺めていた学生は、それまで足下から簡単に崩れて倒れていた門人の身体が急に安定してしまい、どうがんばっても肩のところで腕が上がるような動きしか見せなくなったときにも、僕のオーラによる侵略が肩の辺りまでしか達成できていないからだとまでいう。そこで、何とか僕の魂をもっと奥深くまで延ばすようなつもりにしてみたところ、やっと腰の辺りまできたと学生がいった途端に腰の位置から相手の身体が大きく後に仰け反るかのように倒れていった。

なるほど、普通の人には絶対に見えない存在である魂をオーラとして見ることができる女子大生がいれば、合気というものが本当に相手の魂を自分の魂で包むことによって達成されていることがわかるだけでなく、実際にその様子をあたかもレントゲン写真を撮影するかのようにリアルタイムで解説してもらえるのか！

愚かにも、そのときの僕は大いに喜んでしまう。自分では見えないものを、代わりに見てもらえることになったのだから。

＊＊＊

これからわかるように、今から２０年前に「合気」の片鱗を何もわからないままに発揮できるようになった頃、著者が教鞭を執っていたカトリック系女子大学に入学してきた女子大生が実際にオーラを見ることができたのだ。当時の著者は、何ら根拠や確信があったわけではないが、何となく自分の後頭部から魂の一部が伸び出していき、対面する相手の魂を愛とともに包むことができたと感じたときに相手の体が崩れてしまう現象を何度か体験していくうちに、それが合気の術理となっているのではないかと気づき始めていた。ただし、それはあくまで著者が感じていたフィーリングであり、他の誰一人として同じ感覚を共有できる者はいないはずだった。

ところが、その女子大新入生は道場で著者が稽古相手に合気を及ぼしている場面に遭遇したとき、著者の紫色のオーラが伸びていき相手の白色のオーラの中に侵略していくことで相手の体が崩れ落ちていくのがはっきりと見えたのだった。著者自身には単なるフィーリングとしてのみわかりかけていた魂の働きを、オーラの動きや変化として視覚の中で捉えることができる存在が身近に登場したことで、その後の著者の合気修行は確かに大きく進んだことは間違いない。稽古の場面に常に立ち合って著者のオーラが相手のオーラのどの部分まで侵入していっているかを逐一リアルタイムに教えてもらうことで、自分のフィーリングを補完していくことができたのだから。

そんなフィーリングと間接的口頭指示によるオーラの判別に終始した当時の著者でさえある程度は合気を操ることができたわけであるから、ご自身が直接オーラを見ることができできた柳川昌弘創師にとって「体の合気」を超えた「意識の合気」をも自在に操る高みにまでも到達することは決して難しいことではなかったに違いない。さらには、

『宇宙からのメッセージ―心霊現象の虚と実―』（エポック・メーカー）

と題する著書の中ではライプニッツのモナド論にまでも言及されていたのだが、前著『合気五輪書（上）』において触れた如く、そのモナド論を現代量子物理学の基礎に位置づけた中込照明博士の「量子モナド理論」に立脚した「唯心論物理学」によって「赤心の合気」の理合が明らかとなったのだった。つまり、柳川昌弘創師もまた「体の合気」並びに「意識の合気」のみならず「赤心の合気」までをも体現されていたからこそ、最強の空手家として世に知られることになったと考えるのは著者だけではないだろう。

○二天一流剣術＝諸井正毅宗範

前著『合気五輪書（上）――武道格闘技の最終奥義を物理学で極める――』（海鳴社）において「合気」の理合と術理の解明に大きく役立ったのは、剣聖・宮本武蔵の『五輪書』に記されていた「うつらかし」と呼ばれる剣術秘伝だった。宮本武蔵は二刀流剣法を主とした「兵法二天一流」を創始したのだが、現在も大分県と岡山県にその流れが残されているのに加え、北海道の札幌市内においてその技法を守っている武術家もいる。二天一流剣術の諸井正毅宗範その人である。

合気の達人として知られる大東流合気武術の佐川幸義宗範は柔和で穏やかな芸術家的表情でいらしたのだが、本書『合気五輪書（下）』の「風の巻」においてこれまで紹介してきた同様に合気を体現していた武術家である本部御殿手の上原清吉宗家と二聖二天流柔術憲法の柳川昌弘創師もまた温和なお人柄を滲ませている。さらにはこれからご紹介する二天一流の諸井正毅宗範だけでなく、それに続く武神館の初見良昭宗家、真義館空手の麻山慎吾館長、そして黄檗売茶流の中澤孝典家元もまた、穏やかで思慮深い雰囲気を醸し出しておられる。おそらく、武道格闘技の最終奥義である合気を体現する希有な存在に共通した「赤心」、即ち「赤子の心」の如き純真無垢な内面のなせる業に違いない。

二天一流の諸井宗範からは、幸運にも貴重な教えの数々を頂戴することができたのだが、それはあくまで著者に対する個人的な信頼があってのことである。従って、その内容をここで公開することはできないのであるが、特に合気技法と強く関連するもので他の武術家によっても同様のことが伝えられているものに限ってのみ記しておくことにしたい。それは

「宇宙には一瞬たりともとどまることなく元素から人類まですべてのものを生成発展させていく『気』が流れている。その『気』はまた、すべてのものを慈しみ優しく育てていく愛が充満しているという『宇宙の意志』の動きでもある」

というものであるが、この教えは

「合気は気を合わせることである。宇宙天地森羅万象のすべては融和調和によりて円満に滞りなく動じているのである。その調和が合気なのである。合気は自然の気なれば少しの蟠《わだかま》りもなく抗いもなく合一融合するものである」

という、大東流合気武術宗範の佐川幸義先生の道場訓と本質的に同一のものとなっている。

また、諸井宗範は宮本武蔵の『五輪書』を補完し、「二天一流」の銘々由来については

「寒流月を帯びて澄むこと鏡の如し。逝去不絶実相円満の兵法名付けて二天一流と号す」

となさったのであるが、文中の

「寒流月を帯びて澄むこと鏡の如し」

という前文がまさに動中に静を求める武道奥義を表現している。即ち、本書で探究する「合気」に他ならないと考えられるのだ。

前著『合気五輪書（上）』中の「水の巻」及び「火の巻」において「意識の合気」と「赤心の合気」の理合を解明する糸口となったのは、宮本武蔵が遺した『五輪書』に必勝の剣術奥義として記されていた「うつらかし」であった。換言するならば、「うつらかし」の奥義を体現して「合気」を自在に操るためには、精神的内面としての心を上記前文が表すような状態とする必要があることを教示しているのではないだろうか。「赤心」の本意が

「人が生まれるときから備わっている素直な心」

であることからして、この二天一流の銘々由来前文はまさに「赤心」であることが基本中

の基本となっていることを示していると考えられる。
以上の考察によって銘々由来の全文
「寒流月を帯びて澄むこと鏡の如し。逝去不絶実相円満の兵法名付けて二天一流と号す」
を
「赤心となることによって森羅万象のすべてを円満に滞りなく動じせしめる技法を二天一流と号す」
と読み換えることが可能となる。また、大東流合気武術の佐川幸義宗範による道場訓には
「宇宙天地森羅万象のすべては融和調和によりて円満に滞りなく動じているのである。そ

の調和が合気なのである」

と記されていた。前者における

「赤心となることによって」

という部分と後者における

「融和調和によりて」

という部分において、「赤心となること」と「融和調和」を同意と考えるならば、確かに

「合気による兵法を二天一流と号す」

としてもよい。この意味で諸井正毅宗範の「二天一流」は「合気兵法」あるいは「合気武術」と呼ぶべき流派であり、「大東流合気武術」と類似の号として

「二天一流合気武術」

と改めることもよいのではないだろうか。

大東流合気武術の佐川幸義宗範が「武の神人」として武道格闘技の最終奥義である「合気」を自在に体現なさっていたわけだが、この二天一流合気武術の諸井正毅宗範もまた「合気」を見事に身につけておいでだったからこそ、二天一流の銘々由来を前出の如き表現とされたに違いない。

○武神館九流派八法秘剣＝初見良昭宗家

著者が高校3年生のときテレビのルポルタージュ番組で初めて合気道の開祖である植芝盛平翁の存在を知ったことからもわかるが、全国放送のテレビ番組で丁寧に紹介された武道家は一般の人々の間にも広く知られるようになる。それが「現代に生きる忍者」というような、日本人であれば誰でも子供の頃に一度は興味を持ったことのある「忍者」、既に全世界に通用する「Ｎｉｎｊａ」に関する内容であればなおさらであろう。そして、2016年の夏にＮＨＫ衛星放送でのルポルタージュ番組『いま忍者　初見良昭　八十四歳』において紹介された「武神館九流派八法秘剣」の初見良昭宗家は、日本武道最後の達人と称せられている。

著者が植芝盛平翁の「合気」という神技をテレビで観てから始まった「合気探究」の旅路の初期、大学合気道部での稽古に疑問を抱いたときに書店の武道関係の棚で見つけていたのが若き日の初見良昭宗家が「戸隠流忍術」を紹介する著書であった。様々な技法を写真と解説文から学ばせていただいたのだが、その頃の初心者の頭では、そこに既に「体の合気」と「意識の合気」の片鱗があることも見抜けず、単なる体力と知力を駆使した修練の結果としか見ることができなかった。そのため、その後の半世紀に及ぶ「合気探究」の道において、初見宗家に目を向けることがなかったのは痛恨の極みである。

幸いにも、先述のテレビ番組『いま忍者　初見良昭　八十四歳』を偶然観る機会を得たとき、画面に繰り広げられる初見宗家の神技の数々の背後に明らかな「合気」の輝きを見届けることができた。それは、50年前の忍術技法の枠をはるかに超えた超人的、いや神人的な技であり、まさに武道格闘技の最終奥義「合気」が見事に体現されていると認められたのだ。

柔和な笑顔のままで臥体の大きな外国人の門弟を次から次にまるで飴細工の人形を変形させるようにいとも簡単に崩していく様は、確かに著者が師事した大東流合気武術の佐川幸義宗範のお姿を彷彿とさせるものであった。他の門人を排して一対一での稽古を集中的につけてくださる形式の直伝を最後に受ける幸運に恵まれた著者の体験でわかるのだが、佐川先生の合気技法にかかるといくら抵抗していてもこちらの体を自在に変形させられてしまう。しかも、自分自身で努力しても腕や足や背中などをそれ以上には動かすことができない限界を超えた形にまで骨格を動かされてしまうため、先生の手が離れてから自分自身でその変形された姿勢を解くのにはかなりの時間と努力を必要とするのだった。

まさに佐川幸義先生の合気によって「骨抜き」にされたかのようだったのだが、初見良昭宗家の技によって異様な姿勢に追い込まれて動けなくなった相手の様子からも初見宗家が「合気」を見事に体現なさっていたのは明らかであろう。よしんば、その技をこの身で受ける機会があったならと、大いに悔やまれてならない。ロシア正教に伝わっていたキリストの活人術を旧ソビエト連邦陸軍特殊部隊「スペッツナツ」の格技として教えていたものを広く一般にもロシア武術「システマ」として公開しているミヒャエル・リャブコ創師の場合には、その技を直接受ける機会があったため、それがまさに佐川幸義宗範による合気技法と同じか同根のものであると実感することができたのだから。

初見良昭宗家がその神技を披露なさるときの表情と雰囲気からは、攻撃してくる相手に対して常に父親の如き慈しみを示しておられることも見て取れる。著者にキリストの活人術を授けてくださったスペインのモンセラート修道院の隠遁修道士マリア・ヨパルト・エスタニスラウ神父様の教えにも

「放蕩息子を手放しで喜んで迎え入れる父親の心こそが神の愛であり、『汝の敵を愛せよ』という活人術の真髄はその父親の心を持つことに他ならない」

というものがあったことからしても、初見宗家が「愛」あるいは「神の愛」によって具現する究極の合気技法を操っていたと考えることができるのではないだろうか。既に50年前の忍術技法の中には「体の合気」や「意識の合気」に匹敵する理合と術理があったことは、初見宗家のご著書の内容からわかるのだが、ご高齢になられてからの神技には「神の愛」を体現した「赤心の合気」までもが見え隠れしているのだから。

そしてまた、稽古で門弟を指導する場面で初見良昭宗家の口を衝いてふと出てくる以下のような言葉こそは、次章「空の巻」において初めて公開する究極の合気技法としての

「空間合気」、「霊性合気」あるいは「神性合気」などと呼ばれるべきものへと強く誘っていることに驚嘆するのは著者だけではないだろう。

「相手を空間にやってしまう」

「相手を空間に預けてしまう」

「空間を切ってしまう」

さあ、いよいよ「合気」の本質に迫るときがきたのだ!

○真義館空手＝麻山慎吾館長

前節で紹介した武神館・初見良昭宗家に到って、相手を制する武道格闘技の技の本質として、生粋の武術家の口から初めて

「相手を空間に預けてしまう」

という表現が発せられたのだった。そう、お若い頃からの「戸隠流忍法体術」の修行によって「体の合気」の理合と術理だけでなく「意識の合気」の理合と術理までも体現できるようになった宗家は、還暦を超えてから技の切れや効果が異次元のレベルに達したとまでいわれているのだが、それは宗家ご本人が相手の体を含む「空間」自体に働きかけているためだった。まさに究極の合気技法としての「空間合気」を体現する現代に生きる真の

武術家、それが初見良昭宗家なのだ。

実は次章「空の巻」において明らかとなるのだが、究極の合気としての「空間合気」に対する別の名称としては「霊性合気」及び「神性合気」がある。それが意味するところは、宇宙森羅万象が繰り広げられている舞台としての「空間」を単なる立体的拡がりを示す虚空だと捉えるこれまでの物理学など形而下学ではとうてい理解することができず、「空間」が何らか霊的な働き、つまり「神の愛」を秘めた存在だと考えることでのみ理解することができるようになるものが「空間合気」だということに他ならない。

この「風の巻」の冒頭で記した如く、著者は理論物理学者として湯川秀樹博士の「素領域理論」研究を継承してきたことに加え、合気道と大東流合気武術に続いて広島の山間部で隠遁生活を続けていたマリア・ヨパルト・エスタニスラウ神父からキリスト伝来の活人術「冠光寺眞法」を授かることで

「汝の敵を愛せよ」

というキリストの教えを具現する活人武術「冠光寺流柔術」を創始することもできた。そして、「愛」が持つ神秘の力を幾度となく体現することによって、武道格闘技の最終奥義である「合気」は「愛」ないしは「神の愛」のなせる業であると気づくことができ、

「合気は愛じゃ」

という合気道の創始者・植芝盛平翁による教えによって究極の合気を「愛魂（あいき）」と書き記してきたのだった。それが

「相手の魂を愛とともに自分の魂で包むことによって無意識のうちに相手の体が自ら崩れ落ちる」

という究極の合気術理に他ならないのだ。

この事実にようやく気づくことができ、「冠光寺流柔術」の名の下に岡山市の野山武道館において毎週土曜日の午後2時間の大学合気道部の女子学生相手の合気道稽古の後で少人数ながら稽古に励んでいた2014年の春、著者は礼を尽くした武道家の訪問を受けることになった。その人物こそは、大阪に本部を置く「真義館空手」の麻山慎吾館長である。間に入る労を取って下さったのは東京大学工学部の名誉教授で船舶工学がご専門の大坪英臣博士だったのだが、何と65歳でフルコンタクト空手を始め、後に真義館の麻山館長に師事することになったという変わり種であった。当時既に古稀を過ぎた理系アカデミズムの大先輩である大坪先生からは、その少し前に明らかに若輩者の著者に対して大変丁寧な電子メールを頂戴して恐縮した記憶がある。

そのメールは当時著者が教鞭を執っていた岡山のカトリック系女子大学のアドレス宛に送られてきていたため、定年で大学を辞してからは見ることができなくなっていたのだが、幸いなことに大坪先生がご著書

『心を使う右脳の空手―筋力を使わずに相手を倒す―』（風雲舎）の中でそのメールの文面を公表して下さっている。ここで、関連部分を引用させていただくことにしたい。

＊＊＊

力では不可能な技を、愛を相手に与えることで実現されている保江邦夫氏の話を、二〇一四年の初めに館長にしたところ、館長は「私も究極は愛であると確信し、前年の北海道大会では皆に伝えたが、自分には師がいないため、皆の前で言い切ってしまってよかったか少し不安がある。多くの道場生を指導する立場として、自分が確信していることを標榜されている人と会って話がしたい」と言われた。そこで、私は同じ大学人のよしみで連絡が取りやすいと思って保江氏に大略以下のようなメールを差し上げ、面談をお願いした。

「麻山慎吾館長は、沖縄古伝の型をやりこむことにより、武術の本質である入り込むことで筋力を使わずに相手を制することを体現しておられます。

半年をかけて鍛錬してきたスポーツ空手から武術空手に方向転換を果たし、館長は道場生にもその方向に向かってほしいと願っています。また、館長はつねづね『武術の究極は愛である』とも言われています。

館長は師を持たずにそのレベルに達したため、通常であれば師から示されるはずである目標への方向付けを得ていないという、若干の不安があるようです。それは多くの道場生に指針を与える責任者として、自分の示す方向が絶対にまちがいないことを確信したいという館長の想いから来ているようです。我々弟子からすると館長の存在そのものが方向を示していると思うのですが。

保江先生は愛で相手の魂を包み、自己と融合することで相手を活かし、結果として制する活人術を提唱されています。保江先生にぜひお会いして、お話を伺いたいというのが麻山慎吾館長の強い望みです」

二〇一四年四月一九日、館長と私は岡山駅を降り、約束の岡山全日空ホテル前に到着した。ホテル前に駐車したワゴン車の中に、本でおなじみのパーマがかかったようなヘアスタイルの後ろ姿が見えた。館長にも稽古に参加してもらいたいと、保江氏がわざわざ迎えに来てくれたのだ。そのあとのことは保江氏の著書『神様につながった電話』(風雲舎)に詳しい。

館長も「愛」が究極であることを指導の表面に出すことへの確信を深めた。また、その確信と共に館長の術はさらに進化しているのは誰の目にも明らかである。鋭く飛ばすのはもちろん、相手が幸せ感に全身を包まれたまま空中を浮遊するように崩れる術の冴えまで、パワーと自在さが大きく増えたように思える。

＊＊＊

ご自分の息子世代の空手家に対する東大名誉教授の熱き想いもまた「師弟愛」という

「愛」に満ちているのだとわかる内容のメールを頂戴したとき、著者はこの二人の師弟に無性に会いたくなったことを憶えている。そして、２０１４年の４月１９日に岡山市の野山武道館での合気道と冠光寺流柔術の稽古に参加していただいたのだった。このときのことは、既に１０年近くの月日が流れてしまった今現在の著者が思い出す内容よりも、当時の著者の記憶のほうがはるかに鮮明だと信じる。そこで、できるだけ正確を期すため、ここで直後の２０１４年7月２８日に出版された拙著

『神様につながった電話――我を消すと、神が降りてくる――』（風雲舎）

から「道場に龍が舞う――空手家の入門」及び「我がなくなった名人」と題する2節を引用しておく。

＊＊＊

道場に龍が舞う——空手家の入門

四月一九日土曜日。岡山の道場に大阪から空手の先生がお弟子さん一人を伴い、稽古に来られた。挑戦ではなく、こちらの武道の中の愛について学びたいという。僕は存じ上げなかったが、どうやら空手の世界ではかなりの著名人らしく、空手に詳しい門人が、「ついにあの先生まで来たのか」と驚くほどの方だった。まだ若く、おそらく空手道の世界ではいちばん強い方だろうと門人は言った。初対面からこの人はどこか違うと感じた。体は筋骨隆々、漂わせている雰囲気を見ても、並みの空手家ではない。

その先生は「門人としてあつかってください」と白帯だった。いくらなんでもそんな著名な先生に白帯を締められたら立つ瀬がない。僕の黒帯を出して、「どうぞ締めてください、でないと稽古には参加していただけません」と伝えて、無理矢理締めてもらった。

稽古始めには祝詞を奏上するのがポイントだとわかってから、岡山の道場でも稽古始めにまず祝詞を奏上する。僕が習った禊祓えの祝詞。岡山道場で奏上するのは二回目だったが、女子大生たちは前回聞いている。奏上すると、実際稽古がうまくいくのが彼女たちにはわかっていた。そんな雰囲気の道場に空手の先生が混じって、稽古が始まった。

　すると門人たちは空手の先生にポンポン投げ飛ばされている。誰も彼にかなわない。「これは格好がつかないな、僕が相手をするしかないな」と代わった。稽古前半、僕は植芝盛平のように祝詞を奏上しながら技をかけていたが、僕でも彼にかなわない。必死に祝詞を奏上しても彼は倒れない。「あれ、何かヘンだな」と、もっと真剣に祝詞を唱える。でも、前よりももっと倒しにくくなる。

　祝詞を上げれば上げるほど、相手はもっと強くなる。

　そこで気がついた。祝詞を上げると、サムハラの神様が彼に行くのではないか。そこで僕は「攻守交替してください。僕がかかっていきますから、何でもいいので、手でも足でもいいから僕を払ってみてください」とお願いした。彼は、「合気道の技は知りませんが、見よう見まねでやってみます」と応じた。かかっていくと僕は二、三メートルもぶっ飛ばされた。「なに、これ！　まさに、植芝盛平先生だ。これはすごい！」

何度かかっていっても、彼にポンポン飛ばされる。門人も女子大生もみんな僕を見ている。若い初めての人に師匠が軽々と投げ飛ばされている。格好が悪い。でも僕はこれはすごいと思った。僕が祝詞を奏上すればするほど彼が強くなったのは、彼に神様が降りてきたからだ。それが確信できた。

門人たちに、「今日は必ずこの先生と一度は稽古をしてもらえ、そうしたら神様のすごさがわかるから」と伝えた。神様にかなうわけはないから、門人たちはみんな代わる代わる投げられた。普通だったら、よそから来た新人に投げられるなんて腹を立てるはずだ。それなのにみんなケラケラニコニコして、楽しそうな笑顔で投げ飛ばされていた。

一段落して、彼に感想を述べてもらった。「いつもの私ならこんなことはできません。なぜか急にできるようになったんです」と言う。さらにとんでもないことを口にした。「保江先生が最初に祝詞を奏上しはじめたとき、道場の中の空間に、あるいは磁場が曲がって何かが変容したのがわかりました。空間の歪みが戻ると、床の畳から白い雲がモクモクと湧いてきたと思ったら、その雲を突いて龍が出てきたのです。もうこの先生についていくしかないと思ったのです。そして稽古を始めたら、自分がえらく強くなっている。それで先生の祝詞というか言霊にはそういう力があり、それが全部自分のところに入ってきたのがわかって、僕は嬉しくて嬉しくて仕方がありませんでした」

この人はそんなものが見えるのかと僕はびっくりした。その様子をつぶさに見ていた門人がいた。鍼灸師である彼はいわゆる「見える」人で、祝詞を奏上している様子を見ている空手家のオーラの色が、虹色にどんどん変わっていったとあとで教えてくれた。

門人だってそんなに弱いわけではない。かなりの腕の人たちもいるし、稽古始めにはそれなりに太刀打ちできていた。最初、僕の祝詞の上げ方が悪かったのかなと思って、さらに真剣に上げ直した。しかし門人たちが強くなるどころか、空手の先生がもっと強くなって、空間がさらに変容していくのがわかった。要するに僕が祝詞を奏上すればするほど、彼にどんどん神様が降りて強くなった。彼にはそれがわかった。それが見えたのだ。

最後に、なぜこうも強いのですか、僕は空手の世界を知らないからその概略を教えてほしいと尋ねた。こんな内容の返事だった。

彼は、フルコン空手で最も強かったという伝説の空手家の孫弟子だった。アメリカの支部で指導していた。僕よりちょっと背が高いくらいで、決して大きくない。そんな彼が筋骨隆々の大男のアメリカ人を相手に教えなければならない。フルコン空手の看板を背負っていたから、必死のウェイトトレーニングで筋肉を鍛えた。鍛えすぎて、鍛え込んだ自分の筋肉のせいで体が蝕まれてしまった。

筋肉だけを鍛えるのは健康的ではない。かえって体を壊しかねない。日本人の体格以上に筋肉を付けたので、筋肉に比して骨や内臓とのバランスが崩れ、耐えきれない体となった。鍛え上げた筋肉で相手に打ち込む力の反動で、逆に自分の骨や内臓がやられてしまったのだ。動けなくなり、車椅子の生活を余儀なくされた。そのときの惨めさ。そんな彼を奥様が献身的に介護した。おかげで徐々に回復し、やっと普通のバランスに戻り、当たり前の生活を送れるようになった。また道場での指導に戻ったが、そこで彼はフルコン空手に疑問を持った。

なぜそれほどまでに筋肉を鍛えたか。

体のでかいアメリカ人に負けるわけにはいかない――その一念だった。それ以上はもう無理だとわかったが、筋肉を鍛えないと負けると思い鍛えつづけた。しかし結局、そこに間違いを感じた。自然に、初心に戻った。神様に教えられたのか自分で気づいたのかわからないという。喧嘩のように打ち合うフルコン空手はやめて、相手を必要としない型だけの伝統空手に取り組むことにした。以来、筋トレはゼロ、サンドバッグも叩いたことはない。組み手もしない。もちろん試合もしない。ひたすら昔の伝統空手の型だけをこなした。それを十年以上やって、ある日、何かがポーンと胸に入ってきた。

いろんなものが見えるようになった。

名前があるゆえ道場破りのようなフルコン挑戦者に試合を挑まれることもあったが、彼はひたすら型だけで立ち向かった。いろんなものが見えるようになっていたので、挑戦者の攻めを躱《かわ》し、次の手がくる直前に、相手に力の差を知らしめた。「これ以上やりますか」と。相手はびっくりして、「いえ、もう結構です」と引き下がった。相手を傷つけない、ぶっ壊さない、そういうレベルに達した。その意味で、彼は空手の世界で神様のような存在になった。

そういう人だった。僕なんかより神様に近い生活をしている。だから祝詞を上げると、すぐ彼のところに神様が降りていったわけだ。すごい。

僕は最後に、あなたが毎日やっている型をみんなに披露してもらえませんかとお願いした。動きは単純で子供でもできるような型だが、見ていて本当に気持ちのいいものだった。祝詞を合わせたらどうかと感じたので、「もう一度、型をやっていただけませんか。その間に祝詞を奏上しますので、何か違いのようなものがあるかもしれません」とお願いした。

「先生のお役に立てるかどうかわかりませんが、ぜひお願いします。実は自分も最近、言霊とか祝詞に興味を持っていて、そのこともあって今日お伺いしたのです」と彼は言う。僕が先に祝詞を奏上し、好きなタイミングで彼に型を始めてもらうことにした。終わるタイミングを決めていなかったので、ずれたら格好悪いなと思ったが、とにかく僕から始め、彼が入ってきて、それがうまく合致した。僕の祝詞が「祓いたまい、清めたまう」で終わったところで、彼の型も一緒に終わった。まさに神様が降りていたようなシーンになった。

彼が感心して言った。「いつもは何も考えずに息吹だけやっているんですが、この祝詞に合わせてやったら次元が違いました。本来はこういうものなんですね。私はこれから道場でこれをやらせていただきます」

前半の合気道の稽古が終わり、後半、冠光寺流柔術、つまりキリストの活人術「冠光寺眞法」の「愛魂」で行う稽古になった。

空手の先生にとっては、この稽古がメインだったようだ。自分の空手にどうしたら愛を活かせるか。彼に師匠はいなかった。フルコン空手時代の師匠は著名な空手家だが、いま彼がやっている型のみによる伝統空手は、自分一人で開眼した。門人には愛が大事だと伝えてはいるが、具体的にどうやるかがわからない。弟子の一人から「愛で合気をやっている人がいる」と僕のことを聞き、興味を覚えてやってきた。

肝心の愛魂の稽古に、彼は真剣に臨んだ。

東京道場と同じように始めたが、そもそも彼に神様が降りているので、こちらの技が効かない。足を投げ出して座っているのを後ろに倒すという最も初等的な技ですら、普通の愛ではだめだった。みんながやってみて最後に僕が代わったが、やはりだめ。「この人を愛します」という普通のレベルの愛でだめなら、あとは「神様の愛」しかないと思った。「神様の愛」でやってみると、やっと彼にも通じた。

そこではっきりわかった。この人には神様が降りていた。そうした場合、「神様の愛」でなければならないのだ。「神様の愛」を出してやれば、こういうすごい人も倒れるということを見て、門人も納得して、稽古が続いた。

なぜかその日は普段来ないような人もいて、かなりの人数だった。空手をやっている門人も結構いて、その著名な空手家が稽古しているのを見て驚いている。フルコン空手の猛者が対抗意識をもって彼に挑むが、かなわない。簡単に崩されている。そんな中、サムハラ神社の奥の院に同行した、高校生のときから伝統空手をやっていた卒業生が、やっと彼を崩すことができた。彼女自身その事実にびっくりしていたが、空手家のほうは崩されて当然という顔をしていた。

僕があとで卒業生に、「彼を崩したときどうだったの?」と聞くと、「最初いつものように相手を愛するようにやったら全然だめでした。でも相手をサムハラの神様だと思えと先生に言われたので、自分の相手が神様だと思った瞬間、相手がバターンと倒れたのです。そのとき見たんです、彼の体が倒れた後に、サムハラ神社で自分の体に入ってきたあの龍神様の姿を。あの龍神様の姿が残像のように、倒れた空手の先生の体の上に残っていました。それがわかったんです」と言う。それは、僕が祝詞を奏上したときに彼にサムハラの龍神様が入ったことの証しだった。

以前、山本光輝先生には稽古をする前に免許皆伝を差し上げたことがある。この空手の先生にも、稽古に来ていただいたのだから、免許皆伝を出そうと思った。いや、空手の先生を倒した唯一の門人であるこの卒業生にも免許皆伝を出さなければ——。

以前出した門人に加えると免許皆伝はこれで四人になる。

我がなくなった名人

稽古が終わり、空手の先生は帰るまでの時間、お話しできませんかとおっしゃる。先生は唯一彼を倒した卒業生とも仲良くなっていたので、彼女も誘い、彼と彼のお弟子さんの四人で食事をすることにした。

一緒に来た弟子の方は七十歳だという。六十五歳から空手を始め、東京の直轄道場を任されている東大工学部の名誉教授だそうだ。食事中、空手の先生がメモを取り出した。そこに十五項目の質問があった。稽古のあとに聞こうと用意してきたという。すこぶるまじめな方なのだ。

門人には型だけやってもらっていていいものだろうか、本当に試合は必要ないと思うかなど質問された。

彼は弟子たちに、試合をさせたくないという。彼はその信念でやっているが、お弟子さんたちが試合を試したいらしい。僕は試合もフルコンも好きですよと質問に正直に答え、十五項目の質問すべてに素直に答えた。とても喜んでくれた。最後に握手をすると、先生は「言葉以前のものを教えられたような気がします」と言った。以心伝心で、何か大事なものを教えられたと彼は直感したそうだ。龍が見えるような人だから、言うことも感覚も違う。翌日、稽古でそれまでできなかったことができるようになったと、彼からメールが届いた。

稽古後の食事の雰囲気の中で、重要な教えが伝承されたことを直感しているような内容のメールだった。

実は隠遁者様もそうだった。お茶を飲みながら伝承してくださった。キリストの活人術の技を、僕が気づかぬうちに伝承してくれていた。空手の先生のメールを読み、自分もまたそのように他人に伝承できるようになっていることがわかった。

わかったことは他にもある。

神様は神様にいちばん近い人に降りてくる。自分に降りてきてほしかったら、自分が最も神様に近くなっていなければならない。いつも神様に恥ずかしくない清く明るい生活をしていなくてはいけない。

この一連のことから、あらためてサムハラ神社はすごいと思った。

祝詞を上げるとき、意識的に誰かに神様を降ろすことはできない。神様を祓い除ける祝詞は知らないが、祝詞意外で神様にお帰りいただく方法は知っている。卒業生があの空手の先生を崩せたのは、龍神様が彼女に入ったからではなく、相手を神様だと認識できたからなのだ。

イエス・キリストは神様だが、ユダヤ人たちは人間だと思って接したから間違いが起きた。

なぜこの空手の先生がいちばん神様に近かったのか。

立ち居振る舞い、言動、稽古を見ていて、最後になって気がついた。

彼には我がない。まったくない。

稽古の最中に「先生、我がないでしょう」と聞くと、「いや、そんなことはありません」と言っていたが、隣にいる東大工学部の名誉教授のお弟子さんが、「そのとおりです。先生には我がないのです。だから我々も付いていっているのです。頭が下がります」と言った。

空手の先生は、「フルコン空手をやめて型ばかりを延々とやっていて、あるとき何かがポーンと入ってきて、それ以来いろんなものが見えるようになって、どんなにすごいフルコン空手の相手が来ても、彼らの戦意を喪失させることができるようになった。『ポーンと入ってきた』というのは、我が取れたということだったのかもしれません」とおっしゃった。空手の型をただ延々やり続けた――我が取れた、ということなのだろう。

その昔、道場で門人たちに「我を取り払おう」としきりに言っていたことを僕は思い出していた。古手の門人に当たる卒業生にその話をすると、彼女もそれを思い出して、「そうそう、それでやっていましたね」とほほ笑んだ。

そういえばサムハラ神社にその卒業生と一緒に行ったとき、僕が祝詞を上げると神様が彼女に降りた。それは彼女のほうが神様に近かったからだろう。神様は最初僕に縁があったので僕に移りたかったのかもしれないが、そばにもっと神様に近い人間がいた。だから卒業生に降りた。そのあと卒業生が僕の手を握ってきてバトンタッチが行われ、「あ、移った！」という叫びとともに、神様が僕に移った。そう考えると、つじつまが合う。

＊＊＊

これでわかるように、真義館空手の麻山慎吾館長は、この時点で既に「感謝」の心によって「愛」を見事に「力」に変容させることができていた。その昔、「少林寺拳法」を我が国において創始した宗道臣開祖が流派の修行指針として掲げていた標語

「力愛不二（りきあいふに）」

即ち

「愛は力なり」

を文字どおり体現していた希有な存在が麻山館長だったのだ。当時は著者自身も「合気」

を

「相手の魂を愛とともに自分の魂で包むことによって無意識のうちに相手の体が自ら崩れ落ちる」

という「愛魂（あいき）」の術理によって具現化することができ始めていたのだが、麻山館長の「愛の力」ははるかに進化した「神の愛」そのものであった。

次章「空の巻」で詳しくお伝えすることになるが、著者の場合は広島の山奥で隠遁修道士として祈りの生活を送っていたマリア・ヨパルト・エスタニスラウ神父からこの「愛魂」の術理を暗黙知的な手法によって伝授されたのである。つまり、弟子としての著者は師であったエスタニスラウ神父によって

「汝の敵を愛せよ」

という究極の合気の理合を教えられていたからこそ、それを何とか体現することができそうになっていたのだが、麻山慎吾館長は師から学ぶことなく自らの智力と胆力によって会得することができたという。以下においては、そのまさに血の滲むような修行鍛錬の末に、如何なる奇蹟、いや「気積（きせき）」によってそれが可能となったのかについても見事な表現で記されている大坪英臣先生のご著書『右脳の空手』から、「稽古の鬼」及び「光る点」と題する2節を引用しておく。武道格闘技の最終奥義としての「合気」、特に究極の「空間合気」を追求する後身にとっては貴重な教えとなるに違いない。

＊＊＊

稽古の鬼

麻山慎吾館長は一九六六年大分県で生まれた。十五歳から空手を芦原会館で始めた。芦原会館時代には、当時就職した自衛隊での赴任先、北海道留萌で支部長となる。二十歳のときである。入門してきた高校二年の鈴木伸寛現師範、さらに山下靖史現鹿児島支部長とも出会うことになる。転職のため留萌を離れ東京に移る。

芦原会館から独立して円心会館を立ち上げた二宮城光館長に憧れ、雑誌『月刊空手道』に載っていた内弟子募集の記事を読み、本部のあるアメリカ、コロラド州のデンバーに行き、一九八九年に内弟子となる。身長一七二センチ、日本人としては平均的であり決して大きくない。この体格で筋骨隆々の大男のアメリカ人を相手に戦わなければならない。フルコンタクト空手の看板を背負っていたから、必死のウェイトトレーニングで筋肉を鍛えた。

一九九〇年に二宮館長から大阪支部をつくるよう命じられて日本に戻り、大阪支部長となる。大阪での知り合いが一人もいないので、支部立ち上げまで非常に苦労した。麻山館長の大阪支部立ち上げを知った鈴木伸寛現師範は、再度指導を受けるため北海道での仕事をやめて大阪に移る。鈴木師範は館長の貧乏暮らしに驚いたという。その後鈴木師範が円心会館北海道支部を札幌に開いたとき、一年間弟子がいなくて同様な経験をすることになる。

館長は円心会館の世界大会、サバキチャレンジのチャンピオンを目指してアメリカで始めていた過酷なトレーニングを大阪でも続けた。鍛えすぎて身体が壊れていく。筋トレは部分部分を鍛えるが、バランスが崩れたのである。その結果、二〇〇四年まで激しい腰痛に苦しんだ。朝、一時間くらいかけなければ立ち上がることができない。奥様も「この人はこれから一生車椅子の生活をする」と覚悟を決めていた。道場では竹刀を支えに立って、道場生の指導をした。道場生は竹刀で叩かれるのではないかと恐れたという。日本全国、名医がいれば飛んでいき、上手な整体医がいると聞けば駆けつけた。だが、少しも良くならない。

どのようなトレーニングをしていたかは、以下の例でわかる。

スポーツジムで「今日は失神するまで負荷をかけます」と言って、インストラクターをあわてさせ心配させる。言葉通りやり遂げる強い意志を館長が持っていることを知っていたからである。「さすがに失神はできませんでした」と今は言う。極限まで負荷をかける筋肉トレーニングであった。ふくらはぎにボウリングの球が入っていると言われた。過ぎたトレーニングのせいかどうかはわからないが、怪我に悩まされ、念願の世界大会での優勝は手にすることはできなかったが、大変強い選手であった。

弟子には大勢の円心時代の世界チャンピオンがいる。現肩書きで言うと、鈴木伸寛師範、土居哲也支部長、竹内大策支部長、それ以外に、長石学本部指導員、岩井寿子本部指導員、田中孝憲本部指導員、三村智樹参段である。円心会館大阪支部は世界チャンピオンの宝庫であった。彼らは異口同音に、館長と一心同体で優勝できたと言っている。館長の骨身を削る指導を通じて、その強い思いが選手に注入されていく。

腰痛に悩まされながらも、世界大会直前の追いこみの組手練習では館長が自ら相手を務めた。世界大会に出場する数名のトップファイターがスパーリングを行う。一ラウンド三分と時間を決めて各自五ラウンドほど行うのだが、驚くことに全員の相手を館長が一人で行うのである。六人で三十ラウンドである。トップファイターの話を聞くと、一ラウンドのスパーリングの後、他の五人がスパーリングしている間は休めるが、それでも全力を出しているのでへとへとになるそうである。館長はまったく休みなしに三十ラウンドをこなす。痛み止めの注射を打っていたそうである。

館長は、「腰痛で身体がきついときほど、あえて『組手をしようか』と誘ったのです」と言っている。腕の骨が折れていて、本来はギブスをしなければならないのに、ギブスなしでスパーリングをして、再度骨折したこともある。肉体をはるかに超えた精神力の強さである。

光る点

激しい腰痛にもかかわらず、それを悟られないように指導を続けていたが、館長は内心このまま空手の指導を続けるべきかどうか悩んでいた。半生のすべてをかけてきた空手を棄てることは、まったく別な生き方をゼロから始めることである。大型免許を持っているので、それで暮らそうかとも思った。

しかし空手は大好きで離れることはできない。いろいろ考えたすえ出した結論は、「空手が悪いとは思えない。自分の考え方や取り組みが悪いので、このような身体になってしまったのだ」であった。そこから空手に対する正しい取り組みを探りはじめた。

高校生のときに習っていた型に解決の道があるのではないかと直観的に思い、ある空手家に古伝の型の教えを請うことで、空手に対する正しい取り組みを探る第一歩を踏み出した。ビデオも撮らせてもらい、サンチンとナイファンチンの稽古を始めることにした。館長は持ち前のとことんやり抜く性格もあって、指導が終わってからも夜遅くまで延々と型の稽古を続けた。稽古を進めるにつれて、ところどころに違和感が生じてきた。インターネットや師範のＤＶＤにはいろいろな人のサンチンが公開されている。これも調べてみた。運足の仕方、腕の動かし方、呼吸の仕方、いずれも何かがちがう。

そのうち、自分でもできていないところが気になりだす。足の内側への絞り、引手の納まり、一平面上を移動する突き、両肘の絞り、呼吸法等々。すごいところは一箇所でも気になるところが出てくると、それを直すために一ヵ月あまりの時間をかけることである。

しかも一人で型の稽古を続けていて、気が付くと夜中の二時になっていることもある。

こんなこともあった。子供の夜のトイレの世話で起きたとき、ベッドからの最初の足の踏み出し方が型から外れていて気に入らず、そのまま朝まで運足の練習を続けた。寝ぼけた状態での足の踏む出しが気に入らないとは、常人の感覚ではない。一ヵ月あまり一つのことを修正に努めると、次の問題点が出てくる。またひと月かけてそれを直す。稽古はその繰り返しであると館長は言っている。

サンチン、ナイファンチンの型稽古で、中心軸を意識するようになる。腰痛で立っているのも容易でない状態で型を続け、型と同時に、自分の腰痛をなんとか改善するために考えついた体操も始めた。腰、股関節、肩関節などの関節に繰り返し軽い負荷をかけては緩め、関節の可動域を徐々に広げていく体操である。この体操は、痛い動きなしで自然体を求めていく体操として完成され、「根幹トレーニング」として後に公表される。サンチン、ナイファンチン、根幹トレーニングのセットを日課とするようになった。持ち前の性格で、かなりの時間、というか、異常に長い時間をかけて行うことになった。信じられないことに、根幹トレーニングだけで一日八時間になることもあった。

型と体操を始めて約一年、座っていると腰がグイッと動いたのを感じた。後ろに凸に丸まっていた腰椎が、前に押し出されたのである。腰椎が押し込まれて仙骨が立った状態になったのだ。その瞬間、腰が正常になった。あれほどの苦しみ、一生治らないと覚悟を決めていた腰痛が治ったのだ。二〇〇四年、三十八歳のときである。十数年にわたる苦痛から解放された。

しかし不思議なのはその後の同じ年の経験である。型の稽古は継続していたが、腰痛が治ってしばらくしてナイファンチンの動きの最中に、突然身体に電気が通ったような感覚に見舞われた。「バチン」と大きな音がしたようにも感じた。そして、世の中は垂直軸と水平軸でできていることが妙にはっきりと認識できた。

そのときから不思議な力が身についているのを感じた。

黒帯に攻撃させてみて、触れるか触れないかで相手が倒れることに気が付いた。相手の周りに光る点が見え、そこに拳を出す、身体を進める、蹴りを出す――すると相手は無抵抗で倒れてしまうのである。その光る点は複数で、相手の身体だけでなく、周りの空間にも生じるのである。館長がすることは、どれか一点を選び、そこに拳などを進めればよい。強い突きや蹴りである必要はない。ただそこに手足を出せばよい。後に述べる「統一体」になっていたのであろう。

以前はそのような光る点が見えるような能力は一切なかったという。それまで関西本部長兼大阪支部長という責務とフルコンタクト空手の中で行ってきた過酷な研鑽が大きな根っことなり、古伝の型を繰り返すことによって、地上に芽が出てきたのだと館長は言う。

＊＊＊

ここに記された麻山慎吾館長のすさまじい鍛錬稽古の詳細を見るとき、著者は大東流合気武術宗範の佐川幸義先生の鍛錬に匹敵するのではないかとさえ思えたほどである。佐川先生が毎日2000回の四股と腕立て伏せ、さらには鉄棒振りやハンマー打ちで骨のすぐ側の筋肉であるインナーマッスルを鍛えていくうちに、あるときから「合気」を体現することができるようになったのだが、麻山館長の場合は空手の古伝の型「サンチン」と「ナイファンチン」を連日とことんやり込んでいくだけでなく、全身の骨格と関節を独特のやり方で動かすことで、やはりインナーマッスルを鍛えていったことがわかる。これによって当然ながら佐川幸義先生と同じく「体の合気」と「意識の合気」を自在に操ることができるようになったことも理解できるが、特に注目すべきは

「相手の周りに光る点が見え、そこに拳を出す、身体を進める、蹴りを出す——すると相手は無抵抗で倒れてしまう」

という事実だ。

これについては、それがまさに「神の愛」を体現していることの証しとなっていること

は、これと同じ体験を神の恩寵によって得た宗教家の報告からも明らかであるのだが、これについては次節「空の巻」の中で触れることになる。ここでは、その少し前に麻山慎吾館長の体に生じた変化を示す

「型と体操を始めて約一年、座っていると腰がグイッと動いたのを感じた。後ろに凸に丸まっていた腰椎が、前に押し出されたのである。腰椎が押し込まれて仙骨が立った状態になったのだ。その瞬間、腰が正常になった」

という事実についてだけ補足しておく。本部御殿手の上原清吉宗家ご自身による

「本部御殿手独特の歩き方とは『爪先立ちをして足の親指の付け根に重心をかけ、背筋を伸ばして膝を曲げずに腹を中心として全身で歩く』というものです」

という表現があったのだが、このような歩き方だけを実戦や稽古のみならず平素の日常生活全般においても常に心がけておくならば、やはり「腰椎が体の前方に押し込まれて仙骨

が立った状態」となる。そして、このように腰椎が前方に押し込まれて仙骨が立った状態で重心移動をすること自体が、実は武道格闘技の最終奥義としての「合気」を操るための必要条件となっているのだ。このことは、著者自身が道場で「合気」の技を繰り出しているときの体の使い方の特徴として指摘されていたことで判明した経緯がある。その意味で、これからの時代においては他流派の武道家や格闘家、あるいはは武術研究家なども稽古に参加してもらい、何ら隠すことなく身につけた秘伝技法を提示することがよいのではないだろうか。そのような開かれた交流の中から、武道格闘技の奥義というものの実体や術理、さらには理合までもが明確になってくるはずである。

また、この「腰椎が体の前方に押し込まれて仙骨が立った状態」という「合気」を身につけるための必要条件を整えるための鍛練法として「四股」があるのだが、「プロレス・力道山」の節で言及した如く現在の相撲稽古で行われている「四股」は間違って伝承されてきた動きであるため逆効果しか与えない。本来の「四股」は、純粋に「腰椎が体の前方に押し込まれて仙骨が立った状態」の体を養成する動きとなっているのだが、不幸なことにそれを正しく理解して使っている武道家や格闘家はほとんどいないのが実状となっている。

○煎茶道黄檗売茶流＝中澤孝典家元

前節と前々節で取り上げた武神館九流派八法秘剣・初見良昭宗家及び真義館空手・麻山慎吾館長に到って、まさに究極の合気技法と考えられる「空間合気」、「霊性合気」、あるいは「神性合気」の存在を確信できた向きも少なくないのではないだろうか。その流れに乗ったままで次章「空の巻」へと突入していけばよいのだが、ここでその「空間合気」へと上り詰めていく勢いを倍増させるために、あえて武道格闘技界の外にいる合気の達人についても取り上げておきたい。

その人物は煎茶道黄檗売茶流の中澤孝典家元なのだが、静中に静を求める茶道は動中に静を求める武道の対極に位置すると考えられるわけで、普通に考えるかぎり武道格闘技の最終奥義である合気と何らかのつながりがあるとは考えにくいかもしれない。そんな疑問を払拭するために、まずは黄檗売茶流という我が国で最も由緒ある煎茶道について説明しておく。

将軍徳川家綱と後水尾天皇の世に中国大陸から日本に招聘された隠元隆?禅師は福建省にある萬福寺の高僧であり、黄檗宗の禅を伝えただけでなく隠元豆に西瓜や蓮根などの作物をはじめ豆腐や納豆などの豆加工食品から仏教経典の印刷技術や明朝体文字を我が国に初めてもたらしたことで知られる。将軍家綱はその偉業に応える意味で京都の宇治に福建省の萬福寺を模した寺を建立しそこを隠元和尚による黄檗宗布教の本拠地としたのだが、その寺もまた萬福寺と呼ばれた。そして萬福寺における茶礼を売茶翁（ばいさおう）という名の僧侶が一般の人々に向けて発展させた茶道が黄檗売茶流煎茶道の基本となっている。

お茶を煎れる作法である「お手前」として黄檗売茶流に伝わる身体繰法の理合は、中澤孝典家元のご著書

『逍遥自在なひとときを―通仙庵雑記―』（Ａｌ Ｗｏｒｋｓ）

に紹介されているが、ここでは特に武道格闘技の最終奥義としての合気の理合に通底するものについて解説しておくことにする。

まずは手の使い方についての教えから見ておく。それは他の茶道流派だけでなく、そもそも現代の常識人にとっては異常としか思えない手と指の使い方についてのものだ。何故なら、茶碗や水鉢などの道具を持つときに、両手とも人差し指、中指、薬指、小指の４本を真っ直ぐにして揃えた上で、一塊として用い、ちょうどミトンの手袋をしているかのように親指とその他の一塊の４本指で挟むという不自然なものなのだから。物をつかむときには、両方の手のそれぞれ５本の指を自在に連携させておかないかぎりしっかりと完全につかむことができないのは、誰にとっても明らかなことなのだ。しかるに、黄檗売茶流の家元は親指以外の４本の指を一つに固めて用いるという、物をつかむ目的には非常に不安定な作法を求めている。

黄檗売茶流の目的として公表されているのは

「美意識を高め、美意識に従う」

というものであり、その根底にあるものは

「時間をかけて培った美意識と、それを伴った振る舞いは、日常見慣れた景色に変化をもたらせ、あらゆる事柄を昇華させる力がある」

という信念だとされる。ということは、親指以外の４本の指を一つに固めて「お手前」の動きをこなしていく、一見して極めて特異な所作が要求されるのも美意識によってあらゆる事柄を昇華させるためだと考えられるのではないだろうか。まるで「美意識の合気」とも呼べるかのような理合が隠されているかのようだ。

この「美意識を伴った振る舞い」こそが黄檗売茶流の「お手前」に求められる要であり、それを体現させるために必要となる所作が親指以外の４本の指を一つに固める独特な手の使い方に他ならないといえるのだ。

優美な日本舞踊の中でも、舞の優雅さや美しさがひときわ光るものが京舞だといわれている。そして、例えば井上流の京舞においては、黄檗売茶流煎茶道と同じく親指以外の4本の指を真っ直ぐ一つに揃えて両手を動かすことが必須とされている。そうすることで舞妓や芸妓などの舞自体に踊り手の美意識が強く反映され、優美極まりない京舞が具現されるのだ。

武道格闘技の世界においても、本書「風の巻」の中の「本部御殿手・上原清吉宗家」と題する節でお伝えした如く、親指以外の4本の指を揃えて一つに固めることで「体の合気」、即ち

「体重移動や重心移動により発生する力を骨のすぐ側の筋肉を緊張させて固めた剛体としての肢体を通して相手の体に作用させる」

という術理を具現化することができるのだった。つまり、最も効率よく敵を制する目的で武術家によって極められた「指揃え」という「体の合気」につながる秘技を、煎茶道黄檗売茶流においては美意識のみを追求することで見出していたことになる。

まさに、「美意識の合気」と呼んでよいのではないだろうか。

また、「お手前」のための様々な道具の配置についても重要となる。煎茶道の専門用語は用いないこととして、「お手前」をたしなむ、つまりお茶を煎れる人の目の前には火鉢、急須、湯沸かし、水鉢、湯飲み、茶筒、茶桶、布巾等が所定の場所に配置されている。それらの道具を定められた作法どおりの順番で用いてお茶を煎れることになるのだが、黄檗売茶流においてはこのとき特に目付についての重要な伝承がある。それは視線を逐一そのときに手にする道具に向けるのではなく、視線を定めることなく常に視野全体を認識するということだ。要するに、本書「風の巻」で既に言及した「ガンツフェルト」と呼ばれる変性意識状態を生み出す精神物理学における技法と同じになっているわけだ。

このことからしても、茶席の主人が黄檗売茶流の作法に則っての「お手前」を続けていく中で「体の合気」のみならず、知らず知らずのうちに「意識の合気」をも身につけた武道格闘技の達人になっていく可能性があるといえよう。ましてや、何十年にもわたって日々「お手前」の修行に明け暮れてきた家元であればこそ、「美意識の合気」に加えて「意識の合気」を自在に操ることは決して難しいことではないはず。

中澤孝典家元がご著書『逍遥自在なひとときを』の中で我々に教示して下さっている内容に注目すればするほど、確かにこのような考えの正しさを裏づけているように思えるのは著者だけではないだろう。実際のところ、ご著書に記されているさりげない表現からは、家元が確かに「意識の合気」を日々の「お手前」において見事に発揮されていらっしゃることがうかがえるのだ。それは、「お手前」の作法の中で様々な道具を手にするときの心がけとして示される

「目で取り、胸（心）で取り、手で取る」

「大きい物は小さく扱う」

「小さい物は大きく扱う」

「重いものは軽く扱う」

「軽いものは重く扱う」

というものである。これらがそのままの表現で武道格闘技において「意識の合気」の体現に導くための術理として機能することは、著者の経験によって判明している。即ち、

「目で崩し、胸（心）で崩し、手で崩す」

「大きい相手は小さく扱う」

「小さい相手は大きく扱う」

「重い相手は軽く扱う」

「軽い相手は重く扱う」

という意識で相手に武道格闘技の技をかけるならば、相手の体は何故かあり得ないほど簡単に崩れてしまうのだ。

それだけでは、ない。『逍遥自在なひとときを』の中には、武道家や格闘家ですら思いもよらない武道格闘技の究極の秘密までもが明確に書き記されている。

「武道全般一部スポーツでも一礼をもって競技を始めますが、始まったと同時に勝負がついているように思えます。そしてお茶の席においては、形にそくして一礼することでその空間を自在に操る権利を手にすることになります」

そして、この「空間を自在に操る」の一言に集約されるのが、次章「空の巻」において詳しく解明していく究極の合気技法である「空間合気」、「霊性合気」あるいは「神性合気」と呼ばれる理合に他ならない。

このように「礼」が武道格闘技を超えて人生を美しく昇華させるすべての道と業に本質的なものであることは、広く国内外で活躍する若き武術家レノン・リーも興味深い著書『お辞儀のチカラ　礼と志の「武学」──あなたが変わる、人生が変わる、世界が変わる──』（ミライパブリッシング）の中で見事に論じている。まさに

「礼に始まり礼に終わる」

は、武道格闘技のみならず我々が美しく活きるための金言といえよう。

空の巻

前著『合気五輪書（上）―武道格闘技の最終奥義を物理学で極める―』に始まり、本書『合気五輪書（下）―武道格闘技の最終奥義が物理学の地平を拓く―』で完結する『合気五輪書』の題名は剣聖・宮本武蔵が遺した『五輪書』を意識したものに他ならない。『五輪書』の中の「風の巻」において宮本武蔵は他流派を批判することにより自身の「兵法二天一流」が最良かつ最強のものであることを印象づけている。本書の「風の巻」においては、前著において武道格闘技の最終奥義である「合気」を体現した武術家として大東流合気武術の佐川幸義宗範、合気道の創始者・植芝盛平翁、養神館合気道の塩田剛三館長、そしてロシア武術システマの創始者であるミヒャエル・リャブコ創師に言及したのに加え、他流派の中にも同様に「合気」を体現している達人が少なからずいるという事実を示すことで、一部で「合気」と呼ばれている奥義がこの世界において普遍的に顕現する実在的な武術技法であることを明らかにした。

それを受け、この最終章「空の巻」においては究極の合気技法である「空間合気」について、その理合と術理を平易に解説する。この「空間合気」は他にも「霊性合気」あるいは「神性合気」とも呼ぶべき極めて神秘的な印象を残す技法なのだが、その理合を現代物理学の理論的枠組の中で解明するためには宇宙森羅万象の舞台としての「空間」そのものについて正しく把握しておかなければならない。「空間」がただ何もない空虚な拡がりである「無」の世界であると考えるかぎり、「空間合気」の理合どころか、そのような神秘的な合気技法の実在自体が夢物語でしかなくなるのだから。

宮本武蔵は『五輪書』の「空の巻」において自身の「兵法二天一流」を

「空を知るための道」

と位置づけ、「空」即ち「無」の正しい理解は自分を「有」即ち宇宙森羅万象の背後に隠れた実相の側に置くことであると説いた。４００年近く前に記された教えが、現代において初めて明かされる究極の合気技法である「空間合気」の理合に近づくために「空間」の実相を知る必要があることまでをも示唆していたとも読めることは驚愕に値する。精神分析学を開拓したカール・ユング博士が「意味のある偶然の一致」の背後に見出した人類に備わっている「共通無意識」の概念が、単に個人の壁を超えるのみならず時間の壁をも超えて存在する可能性があるのかもしれない。その意味において、「空間合気」という究極の合気技法は真に我々人類に与えられた至宝の一つなのではないだろうか。

以下においては、我々を取り巻く「空間」の実相を明らかにすることによって「空間合気」の理合と術理を探究していくのであるが、それはまた現代物理学の地平を形而上学の方向へと大きく切り拓いていくことにもつながっている。

著者が「空間合気」を武道格闘技の最終奥義である「合気」の究極技法と位置づける最大の理由は、「武の神人」と謳われた大東流合気武術宗範・佐川幸義先生の摩訶不思議とか形容できない究極の合気技法が空間自体を変容させる「次元転移」あるいは「次元変換」によるものではないかという、佐川門下の塩坂洋一先輩のご指摘にある。これについては、塩坂先輩との共著『佐川幸義宗範の〝神技〟に触れた二人が交わす！　合気問答』（BABジャパン）の中に塩坂先輩による注目すべき論考が展開されているので、ここにその一部を引用させていただく。

＊＊＊

多次元構造を用いる佐川先生の技

佐川先生に対峙して斬るなり、突いていく等の攻撃を仕掛けると、先生が自分の視界から瞬間的に消えてしまうという体験をする。佐川先生に稽古をつけてもらった弟子はその状況がわかるはずである。それを表現すれば、先生が体捌きで我の死角に入るということになるのだが、それを目で追う（認知する）ことができない。そして先生を認知した（顕れた・出現といったほうがよいか）瞬間には、なすすべもない状態となっている。

ところが不思議なことに、自分が傍観者の立場、道場の中で先生に技を掛けられている他の弟子を客観的に見ているとその光景は、先生は弟子の突きに対してなにげなく、なんでもないようにゆっくりスーッと体捌きをされているだけなのだ。ところが、対峙して攻撃した当事者には目にも止まらぬ速さで先生がパッと視界から消えてしまう。そこに見えるもの、これは先生の〝場〟に取り込まれた敵の時間距離と先生の時間距離が相違しているという光景なのである。先生の〝場〟から離れて見ている者にとっては、先生は極めて自然に、普通に動いているだけということなのだ。

勿論、これらの消える捌きというのは理があり、その理に従えば私達でもできることである。先生と違うところは私達の場合、客観者・傍から見ている者には「スッと」「素速く」捌いていることがわかることである。相手が全速力で来るのであれば、見切りの最終ではこちらも鍛錬に裏打ちされた瞬速を用いることは必要で、それを傍から見ればそれなりの速度をもって動いていることが認識できるのだが、先生の場合はそれが傍からは極端にスローモーであるにもかかわらず、目の前の人間には瞬速であるというところが違う(勿論、速く動く捌きもあるが、そういう合気技をつかうことがあるということ)。

武術的にいえば「間合い」であるが、簡単にいえば、敵と我の関係における座標を変えている。つまり、次元を換えた位置に心身を置く。敵からすれば次元を換えられてしまったから、力が出ない・抵抗できないというういう言い方もできる。間合いには距離や（互いが移動に伴う）時間の他、心理的な虚実等がある。（接触）点を変える、（攻撃・防御・中心）線を変える、面を変える、空間を変える。これは直線座標・平面座標・空間座標・時間座標・心理座標等を換える座標変換であり、次元の変換・転換である。我が絶対に活きる場所（次元・間）に身をおくこと、違う次元（敵とは見える世界が違う世界）から攻撃する、その場所（位）に〝入って〟しまうことが〝合気〟だ。次元の変換・転換は技術（業）体系（ヶ条）でも示せるものであるが、次元昇華が〝合気〟の「元」体系であるともいえる。

わかりやすくいえば、体捌き＝身を躱す、の基本があるが、大東流初伝で教える体捌きは体（身）を躱すことによる次元転換の原理を示す。そして、ここでいう「躱す」ことは決して〝避ける〟ということではなく、入って「交わす」ことである。次元転換からの次元昇華とは天地人との交流、神交である。武術（合気術）とは自他による鍛錬＝戦いの形をもって、合気を練る行である。戦いには敵が存在する。戦いは相手あってのことであり、相手との関係性でその「間」を合わせ外す（変える）、己の次元を変換昇華させていくことである。高次元世界に身を移すことを「人神之技、入身技」とも称する。

＊＊＊

○世界の成り立ち

この世界は「日月星辰森羅万象」あるいは「宇宙森羅万象」と表現される無数の物理現象から成り立っていると考えられているが、それらの物理現象が繰り広げられている舞台としては「空間」という拡がりの存在を念頭に置いている。我々の認識の主体を「我（われ）」と呼ぶことにして、我が認識する宇宙森羅万象は上下前後左右の独立な3方向に自在に拡がった物理現象であることからして、その舞台である空間は独立な3方向にどこまでも拡がっている虚空として思考によって認識されている。このような空間は「3次元空間」あるいは「立体空間」と呼ばれる。空間をこのように認識する主体である我自体は3次元よりも高次元の空間に存在すると考えないかぎり、それが3次元空間の拡がりを認識することはできない。

では、我の座であるそのより高次元の空間とは如何なるものであろうか？　もちろん、世界を3次元空間の中で繰り広げられている物理現象からなる宇宙森羅万象の一部にすぎない肉体の働きにとらわれているかぎり、我々はそれを実際に認識することはできない。むしろ、思考をはるかに超えた超感覚的な形而上学的手法によってのみ捉えることができるものだと考える必要がある。とはいえ、古来より釈迦牟尼などに代表される希有な思想家や宗教家によって悟られた真の「我」が存在する座を示す「彼岸」とか「天国」あるいは「光明界」などという言葉ではそれ以上の考察が妨げられてしまう。

このような場合に唯一有効となるものが抽象数学の枠組であるため、本章「空の巻」においては3次元空間として空間を認識する主体である我が存在する、より高次元の空間を数学的に「無限次元空間」と考えることにする。「無限次元空間」とはすべての有限次元空間をその「部分空間」として含む、抽象数学の手法によってのみ表現することができる最も深淵で広大な拡がりの概念であり、我々人類が到達することができる極致にある普遍概念である。宇宙森羅万象の舞台としての空間を認識する主体である我は3次元よりも高次元の空間に存在しないかぎりそれを3次元空間だと認識することはできないため、我は「4次元空間」、「5次元空間」といった「高次元空間」の中に存在すると考えざるを得ない。そのような可能性の中で最も普遍的なものは、我が4次元空間以上の高次元の「有限次元空間」どころか、最も高次元な「無限次元空間」の中に存在するとするものである。

以下においては、このような無限次元空間に存在する極大の我を「普遍意識」と呼ぶことにしたい。これは哲学者や宗教家の中においても使われている用語であり、人間の意識としての「我」をはるかに超えた「神の意識」を意味する「神我（しんが）」ないしは「真我（しんが）」を表すとされる。これはまた、宗教や霊性について言及することを避ける実存主義において多用される「サムシンググレート」に対応するものである。

我々個人個人の認識主体としての我は無限次元空間の中に存在している「普遍意識」の、有限次元空間に制限された「断面」としての「部分意識」と考えられる。また、その部分意識をさらに我々が認識している3次元空間に制限した「断面」は「顕在意識」あるいは「自我」と呼ばれ、3次元空間以外の有限次元空間に制限した「断面」は「潜在意識」あるいは「無意識」と呼ばれる。現代精神分析学を築いたスイスのカール・ユング博士は人間の意識を「顕在意識」と「無意識」からなるとしたが、「無意識」はさらに「個人無意識」と「集合無意識」に分けられている。従って、普遍意識を3次元空間以外の有限次元空間に制限した「断面」である「潜在意識」も、また、「個人潜在意識」と「共通潜在意識」に分けることもできる。この場合、「個人潜在意識」は個々の人間に固有の「潜在意識」であり、「共通潜在意識」は複数の人間あるいは人種や人類に共通な「潜在意識」となる。

以下においては、この世界の成り立ちとして「部分意識」である「顕在意識」が認識する、3次元空間を舞台として繰り広げられる宇宙森羅万象の姿をそのまま用いる現象論的手法を採用することはしない。むしろ、ごく少数の未定義用語と公理のみから出発して抽象数学の最も合理的な構成的手法を採用することにしたい。

○世界の実相

我々が「生きる」この世界の実相を、抽象数学において最も基本的な構成的手法によって明らかにするには、この世界は「無限次元空間」の中に連続して拡がっている「美しい」存在だという唯一の公理から出発するだけでよい。ここで、その存在が「美しい」という意味は、無限次元空間の中における変換の下で形状が変わらないという数学的な性質を持つということであり、抽象数学の専門用語では「対称性を持つ」あるいは「不変性を持つ」と表現する。また、このように「美しい」存在、即ち「対称性を持つ」存在は「完全調和」と呼ばれる。

以上の考察により、我々が生きるこの世界は「無限次元空間」の中にある「美しい」存

在である「完全調和」であるという、さらなる論考を進めていく上での基本公理を得ることができた。これにより、以後は

「我々は無限次元空間の『完全調和』の中に存在する」

あるいはより簡単に

「我々は『完全調和』の中に存在する」

と考えることができる。つまり、完全調和そのものだけを抽象数学によって精査していくことでこの世界の実相を明らかにしていく道が拓かれたわけであり、この世界の実相がどのようなものになるかは論理思考の積み重ねのみで明らかとなるのだ。

その論理思考の積み重ねとはノーベル賞を受賞した理論物理学者・南部陽一郎博士が見

出した「対称性の自発的破れ理論」における「南部＝ゴールドストーンの定理」に他ならない。その主張を平易な言葉で表現すると

「対称性が自発的に破れると、その対称性を復元するように新たな動きが生じる」

となる。この定理を我々の世界としての完全調和に適用するために、それが持つ対称性の一部が自発的に破れる状況を考える。その場合、自発的に破れが誘起されるためには、完全調和の中のエネルギー分布に何らかの差異が生じ、そのエネルギー傾斜の方向にエネルギーの偶発的な流れが発生していることになる。換言するならば、完全調和が持つ対称性の自発的破れの最小単位は一つの指向性を持つ幾何学的な線分の如き1次元の領域となる。これは「1次元素領域」と呼ばれる。

完全調和の自発的破れが生じるとき、同じ部分に複数の自発的破れが同時に発生することもある。例えば2個の自発的破れが同じ部分に同時に発生するならば、2方向の指向性

を持つ形態として幾何学的には平面領域の如き「2次元素領域」になる。また、3個の自発的破れが同じ部分に同時に発生するならば、立体領域の如き「3次元素領域」となる。さらに、4個の自発的破れが同じ部分に同時に発生するなら「4次元素領域」、5個が同時に発生するなら「5次元素領域」などとなる。

完全調和のどこかの部分に自発的破れが生じる確率は非常に小さいと考えられるため、複数の自発的破れが同時に発生する事象は確率論におけるポアソン分布に従うことが知られている。このとき同時に発生する確率が最大となるのは3個が同時に発生する場合であることは、墜落する確率が小さい飛行機が1機墜落したなら続いて2機程度が立て続けに墜落するといった経験則から推し測ることができよう。そのため、完全調和に生じる自発的破れの「素領域」で最も多いのは「3次元素領域」となるのである。

こうして南部陽一郎博士による「対称性の自発的破れ理論」を完全調和の世界に適用することで、我々の世界というものが無限次元の完全調和の中に対称性の自発的破れによって発生した「3次元素領域」が泡のように無数に分布して存在し、周囲にそれよりも少ない数の「2次元素領域」、「4次元素領域」、「5次元素領域」などが分布するという多重構造を示すことがわかる。

以上の如き構成的解析手法によって得られた我々の世界の実相は、抽象数学の考え方に慣れていない向きには理解しづらいかもしれない。そこで、巧みに噛み砕いた平易な表現で解説して好評を得ている東京大学医学部名誉教授・矢作直樹博士による講座資料を以下に引用させていただく。

＊＊＊

湯川秀樹博士が晩年に提唱された多次元世界を説明する「素領域理論」について述べます。

初めに完全調和の世界があります。これを神の世界である「空」とします（口絵・図1）。図では何もないように見えます。この完全調和の世界に様々な次元の拡がりを持つ泡のよ

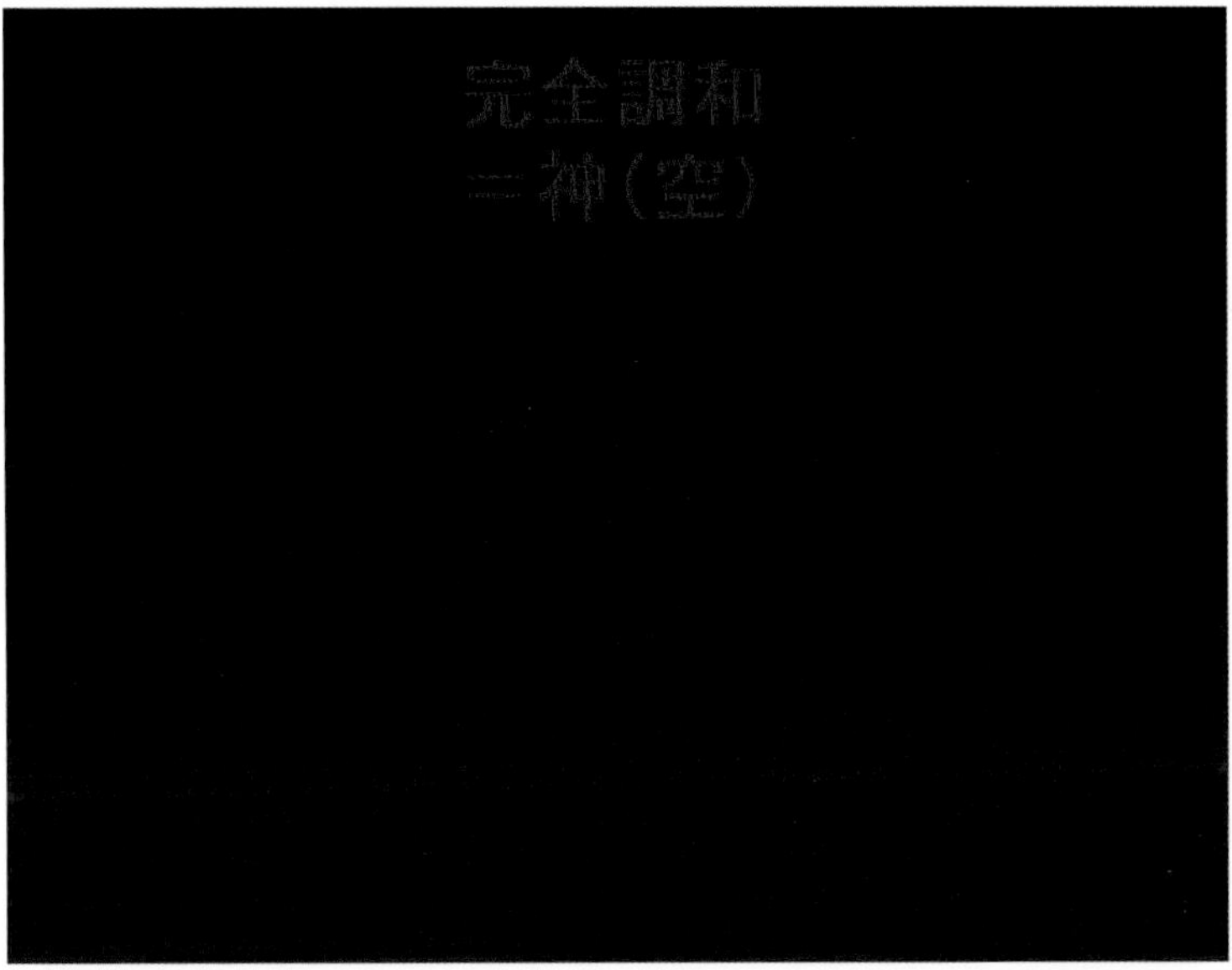
完全調和
＝神（空）
（図

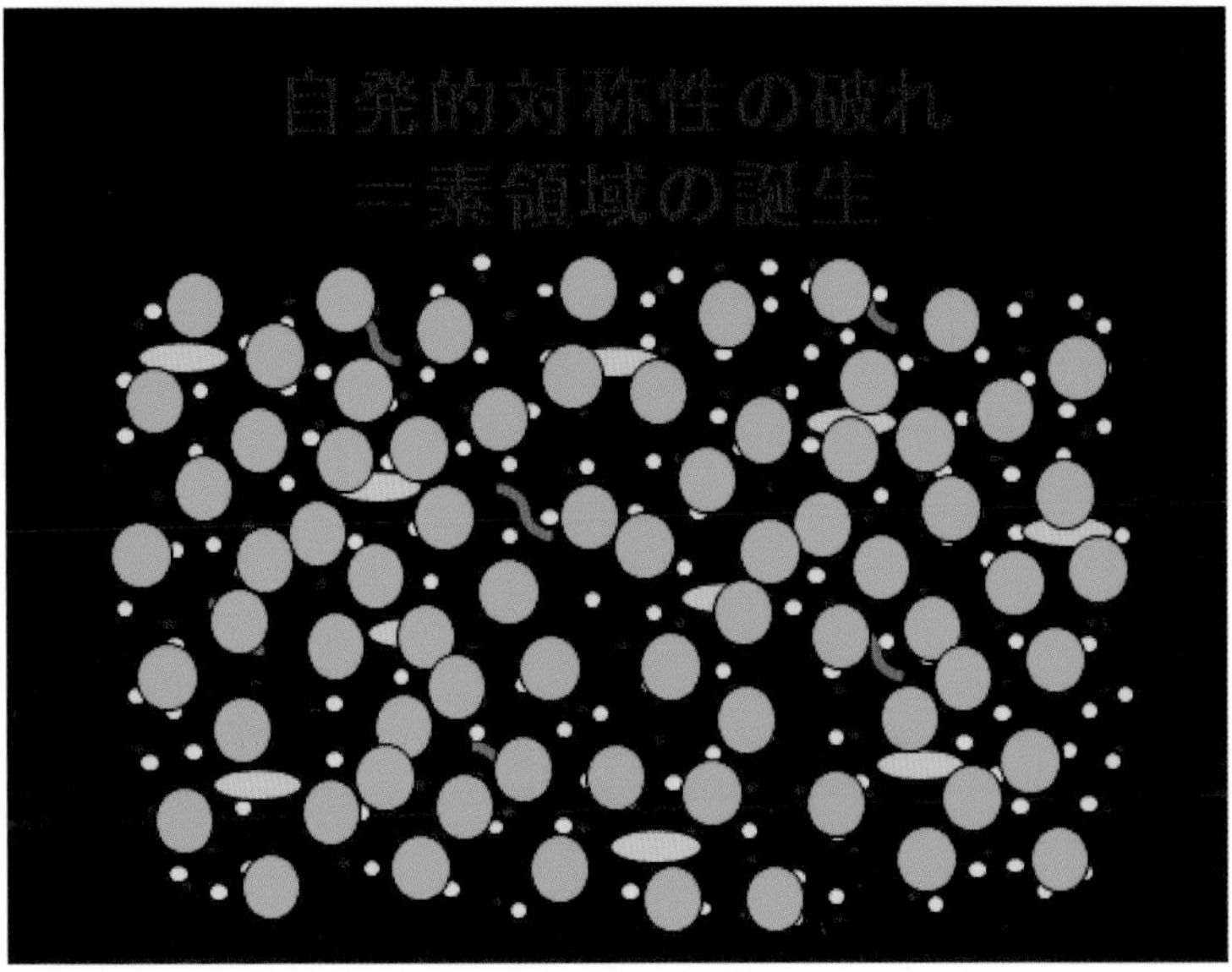
自発的対称性の破れ
＝素領域の誕生
（図

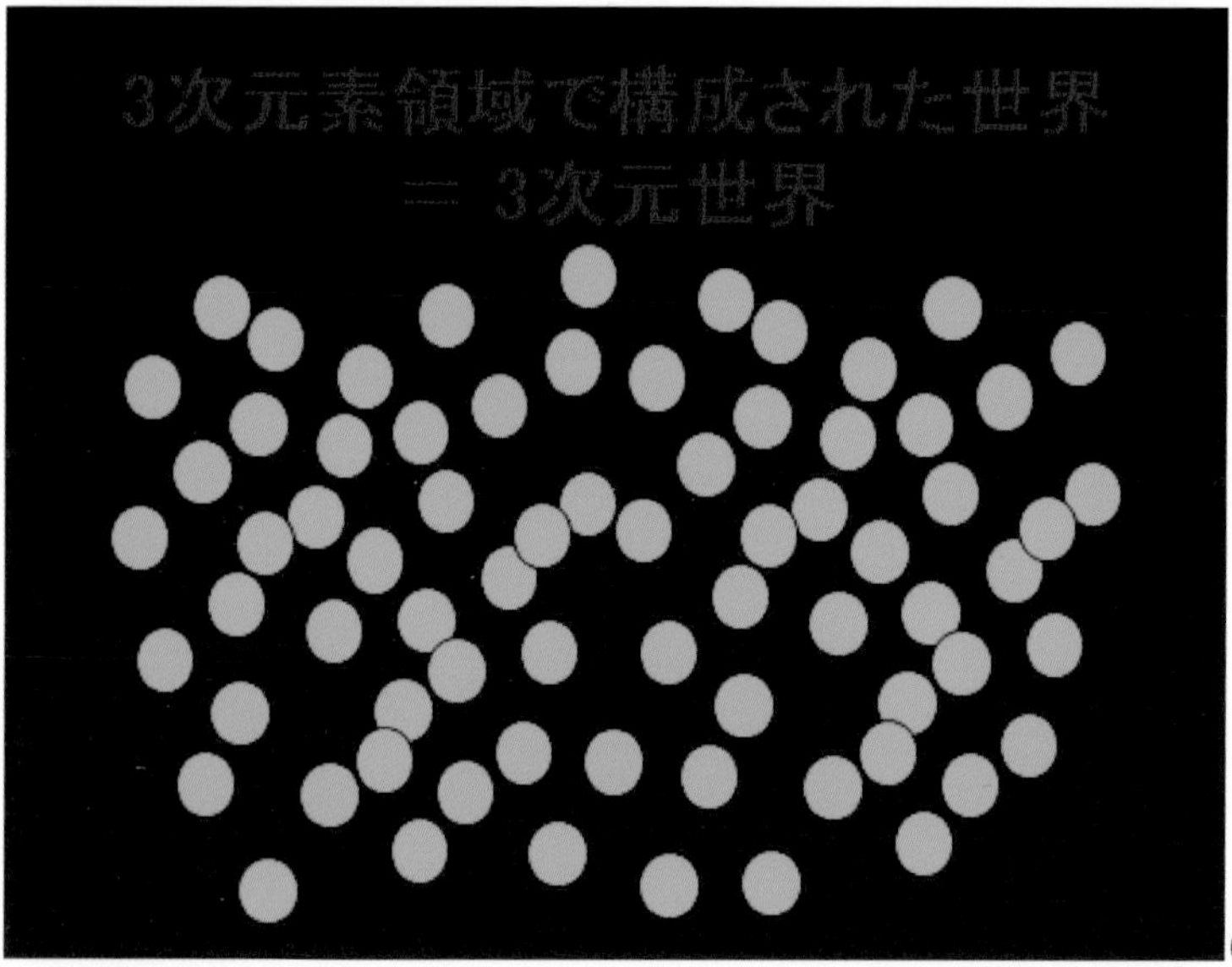

(図 3)

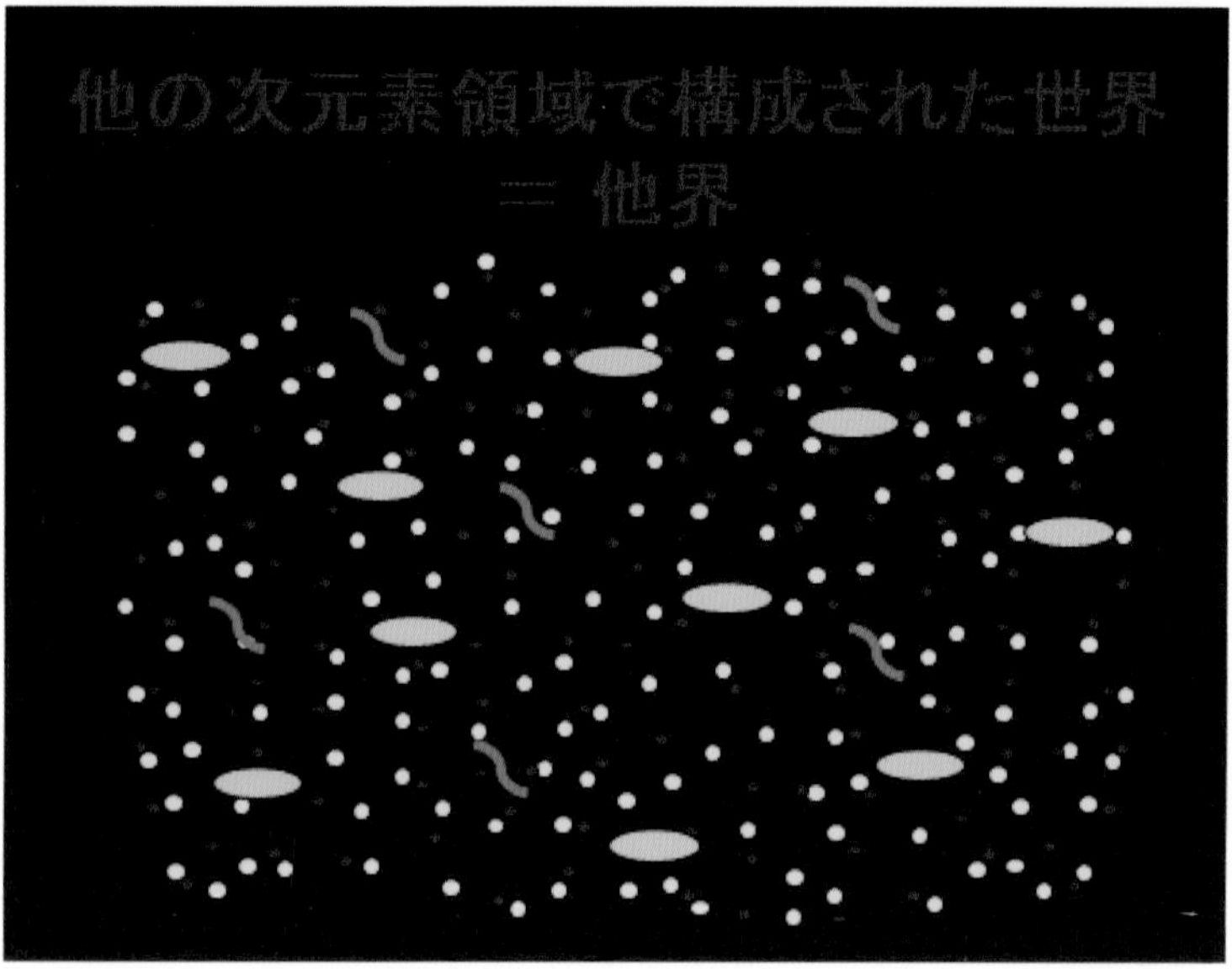

(図 4)

うな素領域（3次元の泡、2次元の面や1次元の紐など）ができました（口絵・図2）。この泡、平面あるいは紐も数については確率論のポアソン分布の性質で決まるために、特に3次元の泡が最も多く発生しました。これら素領域はちょうど完全調和の世界を炭酸飲料に、泡、平面あるいは紐のような素領域が炭酸飲料を揺すったときに一気に生じる泡と例えるとイメージしやすいのではないでしょうか。

この素領域には様々な次元の拡がりと大きさがあり、最も数の多い3次元の素領域だけで構成される世界が3次元世界です（口絵・図3）。それよりずっと少なく、高次元の拡がりを持つ素領域で構成される世界が高次元世界です。この高次元世界は構成する素領域の拡がりが持つ次元により4次元、5次元、6次元——というように各次元世界を構成します。また、面のような2次元の素領域で構成される2次元世界や紐のような1次元の素領域で構成される1次元世界もできました（口絵・図4）。

この泡、平面あるいは紐のような素領域以外のところはそのまま完全調和の世界です。図で背景となっている部分で、最も高次元の存在です。

私達は肉体を脱ぐとき、意識はそのまま高次元世界にシフトします。正確にはもともと意識は3次元世界と同時に高次元世界にも存在しているのですが、普段は肉体に引っ張られて意識も3次元に向いています。ただ、ひらめき、天啓、インスピレーションを得たといわれる状況は意識が高次元にも合わせているのです。

＊＊＊

世界の実相についてのこのわかりやすい解説の中で、矢作直樹博士は空間の高次元構造のみならず我々の「顕在意識」や「潜在意識」についても触れている。それを受ける形で、抽象数学の構成的手法によって見出されたこの世界の多次元構造の中に存在する認識主体としての「我」についても、次節においてその実相を明らかにしておくことにする。

○人間とは何か

我々の認識主体である「我」は我々が存在している世界を「3次元素領域」が泡状に無数に集積した「3次元空間」として認識している。立体的な拡がりを示す「3次元素領域」は、実は無限次元空間の中に拡がる「完全調和」としての「空」が持つ対称性が自発的に破れることによって生じている。そして、「対称性の自発的破れ理論」を適用することにより、このように対称性が自発的に破れた素領域に何らかのエネルギーが加わった場合にその破れた対称性を復活させるような動きが生まれることがわかる。これが「エネルギー量子」あるいは簡単に「量子」と呼ばれる「素粒子」の実体に他ならない。

結果として、我々はこの世界を3次元空間の中を運動する数限りない素粒子が形作る宇宙森羅万象として認識するのだが、我々自身の存在をも無数の素粒子によって形成される「肉体」としての「体」に他ならないと認識してしまうことになる。このように3次元空間に制限された認識主体としての「我」が「顕在意識」あるいは「自我」であり、3次元空間に制限されていない高次元空間に存在する「我」が「潜在意識」あるいは「霊」や「霊魂」などと呼ばれるものとなる。そして、本来の認識主体としての「我」は1次元空間、2次元空間、3次元空間、高次元空間をもすべて内包する無限次元空間の完全調和として存在するのだが、これが「神我」、「真我」、あるいは「普遍意識」などと呼ばれる究極の「我」の姿となる。

現代物理学の理論体系を構築するために必要となる最初の「原理」は

「人間が認識することによって宇宙森羅万象が存在する」

という主張に他ならないが、これは「人間原理」と呼ばれる。一方、無限次元空間の中の完全調和そのものは、それが完全な対称性を示すことによりまったく認識されることはなく、対称性が自発的に破れた素領域とそこに発生する量子としてのエネルギーである素粒子しか認識されることはない。これはまた、「認識」というものを再定義することにもなっている。即ち、この世界の実相である無限次元空間の中の完全調和が持つ対称性が自発的に破れること自体が「認識」に他ならないのだ。これにより、上記の「人間原理」を

「完全調和の対称性が自発的に破れることによって宇宙森羅万象が存在する」

という主張に置き換えることができる。この場合、完全調和の対称性が自発的に破れることを「認識」と定めるわけであるが、その「認識」の主体は完全調和それ自体、つまり「真我」ないしは「普遍意識」となる。従って、このように表現された「人間原理」はまた

「普遍意識が認識することによって宇宙森羅万象が存在する」

という主張にもなる。これは「人間原理」というよりも「普遍意識原理」と呼ぶべきもの

であるが、両者の等値性から「人間」と「普遍意識」がこの世界の認識主体として同じものであることを示唆している。

こうして、我々「人間」の実相としては「普遍意識」と呼ばれる「完全調和」そのもの、つまり「神」そのものであると考えられるということが判明したことになる。「普遍意識」によって認識されたならば我々「人間」が「完全調和」の「普遍意識」そのものであることが認識されるのだが、残念ながら通常は3次元空間の中の「体」に制限された「自我意識」によってしか認識されないため、我々人間は3次元空間の中に存在する「体」と「自我」あるいは「顕在意識」からなると考えられている。これを記号的に表現すると

人間≈体+顕在意識=体+自我

という近似式で書けるが、本来は

人間＝体＋普遍意識＝体＋完全調和＝体＋真我＝体＋神我

という等式が厳密に成り立つのである。

この事実は、古今東西の宗教によって伝えられている「人間」と「神」の等値性そのものを表していると考えることもできるのではないだろうか。そして、この等式が表す人間の本質から導くことができる別の近似式

人間≈体＋顕在意識＋潜在意識＝体＋自我＋霊魂

の意味を

「人間の身体に重なる3次元部分の心を消す」

と考えることができる。これは、『合気五輪書（上）』の「火の巻」において示した

「人が生まれるときから備わっている素直な心」

としての「赤心」を用いて

人間≈体＋自我＋赤心

と書き換えることもできる。

人間をこの状態に維持することが合気の術理に他ならないとしたものが、「火の巻」での結論であり、武道格闘技の観点から合気の術理についての即効性と確実性を最大限に高めるために

「人間の身体に重なる3次元部分の心を消し、それよりも高次元の部分の心のみとする」ことを素早く確実に行う必要があるとしたのだった。

次節からは、そのような合気術理の究極の姿に迫るとともに、究極の術理を成り立たせている理合をも解明していく。

○神性の光と愛

本書『合気五輪書（下）』の「風の巻」の中、真義館空手・麻山慎吾館長をご紹介した節において

「相手の周りに光る点が見え、そこに拳を出す、身体を進める、蹴りを出す――すると相手は無抵抗で倒れてしまう」

という、驚くべき事実が示されていた。そして、この事実こそが麻山館長が「神の愛」を体現しているということについては、この「空の巻」の中で触れる宗教家の不思議な体験によって明らかとなるとされた。その宗教家とは著者が岡山で主宰していた野山道場に広島から通い始めていた初心者のことであるが、麻山館長とは違い武道格闘技とはまったく無縁の男性であった。そんな人物がやくざから家族を救うために体を張って守っていくうちに、最後の最後にこの「光る点」がやくざの周囲に出現したことで、やくざを倒すことができたというのである。

著者が当時宗教家から聞いた内容を伝聞としてここで紹介することもできるのだが、何分にも20年近く前のこと故に正確さに欠けることになる可能性が高い。しかし、幸いなことに著者が10年前に出版した『人を見たら神様と思え――「キリスト活人術」の教え――』(風雲舎)の中にその宗教家が自ら書いた詳細な顛末記が掲載されている。ここでその全文を引用することで、「光る点」という存在が如何なるものであるかについて、具体的に見ておくための貴重な資料として供することにしたい。

＊＊＊

道場で高次元のエネルギーに出会う

二〇一一年夏、ある人の紹介で、何もわからないまま野山道場に連れていかれました。道場に入ると、そこに展開されていた光景にびっくり。相当修行しなければできないようなことを皆さんがやっておられるのです。それもニコニコしながらです。

それよりももっと驚いたことは、道場の上空に愛のエネルギーがあって、キリストやマリアさまなどがいらっしゃったことです。それを見た途端、私はもう涙が止まらなくなりました。今、その状況を思い出すだけでも涙が出てきます。

そうした状態でしたから、教えられるままやってみると、初めてなのに愛魂ができました。けれどだんだんその状態に慣れて思考を使うようになると、初めのようにできなくなることもあります。

稽古が終わり、食事をしながら保江邦夫先生がお話しされる場もすごいです。大天使ミカエルの話をされたときには、ミカエルのエネルギーがそこに降りてきました。そのときも私は泣きました。ミカエルからの情報は得ていましたが、そのエネルギーを感じたのは初めてでした。空海の話をされると空海が来られます。空海のエネルギーは、私は何度も体験していますから間違いありませんが、ミカエルのエネルギーは初めてだったので感激しました。先生も体調に変化があり、いつもそうだというわけではありませんが、ほんとうにすばらしい人に出会えたとそのとき思いました。

保江先生の本もすごいです。本の中に出てくる人は、そのままつながっていますから、そのエネルギーに触れることができます。そんな本はあまりあるものではありません。

決心し、命がけでやると、魂を通じて神様が働く

人は決心して命がけでやると魂につながり、魂を通じて神様が力を貸してくださって、

奇跡が起きるようです。私もそれをときどき体験していますが、ほんとうに人のために一生懸命やると神様は力を貸してくださいます。

ある商店街で小売業の店長をしているとき、不良グループの万引きが横行していました。ある日、娘が彼らにインネンをつけられたので、私はその不良グループと闘うことになり、それをきっかけに彼らの悪行はどんどんエスカレートしていきました。やくざも絡んでいて、ひどいときには二十数人が集まって商店街にやってきます。警察に頼んでも取りあってくれません。家族や従業員に何かあったときには、私は命がけで闘うしかないと思っていました。そのなかにうちの娘と同じくらいの子がいたので、なんとかその子を守ろうと思い、その子を愛で包みました。するといつのまにか不良たちが商店街から消え、平穏が戻ってきました。さらにある日、家内が車で迎えに来てくれたときに、やくざと目が合ったらしくインネンをつけられました。彼らが家内の車をけっ飛ばしたりしているところへ、私は飛び出して行って平謝りに謝りました。どんなに謝っても許してくれず、殴られ続けました。周囲には大きな人垣もできていました。私はサンドバッグ状態で、「お金を渡したら赦してくれるんだろうか――」などと考えていたところ、やくざは逃げようとしているよそのおばあさんをけっ飛ばしました。

それを見たとき、「もう我慢しなくていい。もう殴ってもいいんだ」となぜかしら思い、自分を解き放しました。そのときに呼吸が変わりました。一分間に一呼吸するかどうかという深い呼吸になり、それに続いて脳波がシーター波になり静かな気持ちになった途端、額にスクリーンが現れました。目から入ってくる映像と、このスクリーンの情報が二重写しになったのです。

目からの映像は少し暗くて等身大ですが、スクリーンの映像は明るく小さく映っています。そのスクリーンに白い玉が浮かんできますから、そこに手をやると、すごいスピードでやくざに当たります。その状況を、もう一人の自分が冷静に観察しています。というのは以前にもそれに似た状況が起きたことがあり、なんとも不思議なので、今度それが起きたらどういうことなのか観察しようと思っていたのです。

また家族を命がけで守るんだという格好をしているけれど、本来気が弱いので、いざとなったら尻尾を巻いて逃げるんだろうなと自分のことを思っていました。自分が八方美人のような気もしていました。ですから人を殺すくらいの意気込みで闘うなんてありえないと思っていたのです。

それなのに出す手、出す手がすごいパンチとなってやくざに当たります。その状態を見た家内がびっくりして、警察に電話するため公衆電話に飛び込みました。私がほんとうに人を殺すかもしれないと思ったようです。そのやくざは覚せい剤をやっていて、いつも仲間とともにインネンをつけてはお金を巻き上げていたようです。みんな見て見ないふりをしていましたし、すぐ近くに交番があるのに警察もやって来ません。

私はまったくやっつけるつもりはないのですが、手が勝手に動き、それと同時に次の相手の行動が読めるようになりました。それで相手が出そうとする手に、ちょっと自分の手を当てるだけでそれを封じることができます。足を出そうとすると、それをちょっと押さえるだけでそれを止めることができるので、殴らなくてすみます。そのとき「手も足も出ない」というのは、こういうことなんだと思いました。そんなふうに冷静に観察している自分がいるのです。

周りから見れば、どう見てもやられているのは私ではなくやくざのほうです。そのうち「もう、こらえてくれ」と言いながら起き上がったやくざは、「明日、仲間を連れて仕返しに来るからな」と捨てゼリフを残して消えていきました。それ以来、商店街に頻繁に現れていた彼らは来なくなりました。

そのときの私の現象は、脳の松果体から視床下部に情報が伝達されて、前頭葉にスクリーンとして現れるもののようです。その話を保江先生にすると、先生も愛魂ができるようになる前に同じ現象が起きたようです。先生はドイツのアウトバーンで、車のスピードを上げているときに一瞬静寂の世界に入り、額の裏にこの世の原理を表す方程式が浮かんだそうです。

絶体絶命のとき、あるいは誰かを助けなければならないと真剣に願ったとき、どうも入るスイッチがあるようです。そのスイッチを自分で入れることはできません。それこそ神様の働きなのです。

ある霊能力者が、私のその能力を見抜いて「ボクシングをしていたら世界チャンピオンになっていたのに」と言いました。そして「あなたのすごいところは、その能力を自慢しないところだ」とも言いました。私自身そんなことができるとは知りませんでしたし、しかもそのスイッチの入れ方を知らないのですから、どうにもなりません。

こうした不思議な出来事は、自分ではなかなか理解することができませんでしたし、まして人に話してもわかってもらえるものではありませんでした。けれど保江先生にお会いすることで、そうした現象を理解し、確信を得ることができました。家族も同様で、私のことを理解してくれるようになりました。なんだか自分の人生を承認されたようで、とてもありがたかったです。

力を抜くと、相手の力もストンと抜ける

愛魂をつかんでいる人は、そのツボを教えてくれるので、誰でも愛魂ができるようになります。ところがふつうの武道家はかたちを教えますから、そのかたちを作ろうとして思考を使ってしまい、なかなかうまくいきません。

また相手が攻撃してくると、こちらも構えます。やられることを警戒するのです。不安があればそこに愛は入りません。ですからかたちにとらわれないで、先生がおっしゃるように「ただ愛する」しかないのです。力に反応するのではなくただ愛すれば、相手から力が抜けていきます。

私もそうした相手との力の関係がようやくわかってきました。こちらが力を抜いていると、相手もストンと抜けるときがあって、そのまま崩れていきます。ちょっとでも抵抗して押したりすると相手は動きません。押し合いでは力は拮抗するばかり。ましてや相手は屈強な武道家たちばかりですから、力で押してもまるで岩のように動きません。

けれどそこに愛が流れると、わが手の行くほうに相手が倒れていきます。それがわかるまでうまくいったりいかなかったりと試行錯誤がありましたが、最近ようやくわかるようになりました。愛すると相手は勝手に崩れていくのですから、すごいです。

＊＊＊

如何であろうか。真義館空手道の麻山慎吾館長が対戦相手の周囲に見る「光る点」と、広島在住の宗教家が殴りかかってくるやくざの周囲に見た「白い玉」はまったく同一の現象を引き起こしていると考えられる。このような現象を実際に体験している武道家や格闘家の数は非常に少ないかもしれないが、2代目若乃花も現役時代に

「相手力士の体で光る部分を張り手で突いていけば勝ってしまう」

という主旨のことを周囲に漏らしていたという事実があることからして、決して皆無ではないだろう。

さらには、宗教家の自己分析によれば、自分の眼で見る視界の中に映されているやくざの姿の周囲にその「白い玉」が映し出されているのではなく、その視界に重なるように一つ

のスクリーンのようなものがあって、「白い玉」はそのスクリーンの上に存在していたという。これは、まるでSF映画に登場する近未来のアンドロイドの視界の如く、光学的に映し出された視界の上にその視界の中に見える様々な標的についての急所や弱点が電子装置によって投影されている状況に酷似している。とはいえ、アンドロイドに備わっているそのような電子装置が生身の人間に備わっているとは考えられない。ならば、麻山館長と宗教家あるいは2代目若乃花に対してアンドロイドの場合の電子装置に対応するものとしては、いったいどのようなものが考えられるのだろうか。それは、人間がその中に存在している「空間」に内包されている「神の愛」に他ならない。この点について明らかにするために、ここで「看取り士」という聖職について触れておこう。「看取り士」とは一言でいうと

「死にゆく人に寄り添って死の瞬間まで見守っていくことを生業とする者」

となるが、キリスト教文化の国々においては神父や牧師といった聖職者が努めるのが伝統

となっている。核家族化が進んでいなかった頃の日本においては、家族や親族に囲まれて自宅の部屋で死を迎えることが多かったため「看取り士」は必要とされなかった。しかしながら、孤独死が増えてきた現代の日本においては、誰にも看取られることなく死の瞬間を迎えてしまう場合が珍しくなくなってしまったようだ。たとえ病院にいたとしても多忙な医師や看護師が24時間ずっと側で見守るということは期待できないし、自分一人で暮らす人が自室で死を迎えようとするときには最後まで一人のままとなってしまう。

このような状況を改善すべく一人の女性が立ち上がり、岡山を拠点として「看取り士」を養成する活動をスタートした。その方が一般社団法人日本看取り士会の柴田久美子会長である。そして、柴田会長自身が看取り士として活動していたとき、まさに死にゆく人の周囲に金色に光る点が多数出現し、それが「愛」を表すものだったという。これについては、著者が柴田会長から教えていただいたのだが、詳細は次のようなものであった。

会長自らがある男性を看取っていたとき、その男性は死の淵にいる苦しみによって険しい顔になっていたようだ。それでも看取り士として会長はその男性に対してあえて声を掛けず、腕で首から上を支えるように上体を抱いたまま、ずっとその男性の顔を見つめていたとのこと。そんな状態を最後まで続けていくのが「看取り」に他ならないのだが、ある瞬間のこと、その男性の顔の周囲に数多くの「愛」という漢字が突然現れたという。不思議に思った会長がその漢字の一つに視線を向けると、「愛」という漢字が光に変わって空間に融けていった。そしてその瞬間、険しかった男性の顔がフッと穏やかな顔になったと思うと、ちょうど臨終を迎えたのである。

看取り士の手本として活動なさっていた柴田久美子会長ならばこそのお気持ちが天に通じてのことだったに違いないが、看取られた男性がまさに神に迎えられる瞬間にその周囲の空間に「神の愛」が多数の光る点として顕現したという事実を知ることは、看取り士を目指す者のみならず武道格闘技の最終奥義「合気」の真実を究めようとする者にとって貴重である。何故ならば、人間という存在の本質に「空間」が強く関わってくることを知ることこそが、究極の合気技法である「空間合気」の理解につながると考えられるからである。そして、「空間合気」を「霊性合気」あるいは「神性合気」と呼ぶことの妥当性もまた、空間が人間の霊性や神の愛を示す神性を内包するという事実から担保されることになる。

○空間合気への道

前章「風の巻」においては武道格闘技の最終奥義である「合気」を体現していた、あるいは体現している人物について取り上げる中で、相手の周囲の空間の中に光る点や白い玉などが現れることにより、そこを自分の手足などで触れるだけで相手の体が崩れてしまう現象の存在を知ることができた。そして、本章「空の巻」の前節においては「神性の光と愛」と題して、自分と相手との間の空間が内包している「神の愛」が「光」として顕現すると考えられる事例として「看取り士」の活動にも言及してきたのだった。

本章「空の巻」の主たる目的は我々を取り巻く「空間」の実相を明らかにすることにより究極の合気技法である「空間合気」の理合と術理を探究していくことであった。著者がこの「空間合気」の存在を確信している理由は、大東流合気武術宗範・佐川幸義先生の神技の如き合気技法をこの身に受けたときに抱いた不可思議な感覚がその後ずっと頭から離れないことによる。それは、次のようなものだった。

道場の中で晩年の佐川先生が合気の技を先輩格の門人相手に披露して下さるとき、先生の動き自体は高齢の男性相応のゆるりとしたものでしかなかった。例えば、若くて臥体の大きな相手が鋭く突いていったときなど、ほんの20センチメートルほどを小股の一歩でゆっくり移動するだけにしか見えなかった。そんな動きで相手の突きをかわすことなどできないはずで、相手は佐川先生のゆっくりとした捌きをはるかに超えた素速さで突きをヒットさせることができると思えた。ところが、実際はというと、相手は異様な驚愕の声を上げて表情だけでなく全身が凍りついた如く固まって動けなくなった直後、勢いよく崩れ落ちて床の上に倒れたまましばらくは動けなくなるのが常であった。もちろん、佐川先生以外にそのような不可思議千万な技を披露できる人は古い門人の中にも皆無であり、著者が初めて佐川先生の合気技法を目の当たりにしたときには正直なところ半信半疑で、相手を務めた先輩の門人がわざと大げさに倒れるふりをしたのではないかとさえ考えたこともあった。

ところが、佐川道場に入門して半年ほどの頃、幸運にも稽古のときに佐川先生から指名されて初めてお相手を務める機会が巡ってきたのだ。そのとき以来、佐川先生から一対一での直伝を授けていただいたときを含めて数十回ほど合気の技をこの身に受けたのだが、毎回驚きの連続であった。何故なら、著者が佐川先生に向かって様々に攻撃していくとき、著者の視界の中央にあったはずの佐川先生の姿が一瞬にして消えたかと思うと、いつの間にか著者の体のすぐ側の死角位置に移動していたのだ。しかも、佐川先生の手が著者の体のどこかに軽く触れているだけの状況でしかないはずなのに、まるで空中浮遊をしているかのように自分の体の正常な上下感覚を保つことができず、気がついたら文字どおり目から火花が出る衝撃を頭に喰らった直後に床に倒れ込んでしまう。

最初のうちは、床に激しく叩きつけられたときに頭を打ってしまって目から火花が出たと思っていたのだが、何回か同じ体験を経るうちにそうではないということがわかった。頭が床に打ちつけられるということなど実際には一度もなかったことは、稽古の後で後頭部を恐る恐る調べてみても打ち身も腫れもなかったことで確認できたのだ。さらに回数を重ねていくうちに、目から火花が飛び出るように激しい衝撃を喰らったと感じるのは床に叩きつけられた瞬間ではなく、その少し前だということもわかった。それは、一瞬消えた佐川先生が次の瞬間には著者の体の死角位置から軽く手を触れてきた直後から上下感覚を失って空中に浮かされていたと感じていた著者が「存在」していた「異世界」から、現実世界に引き戻されるタイミングであったかのようだった。そう、佐川幸義宗範の「合気」によって、著者は空中浮遊させられていたどころか、現実世界とは違う異世界を漂わされていたとしか思えないのである。

こうして、著者は40年前の時点で、究極の合気技法の本質が相手の体を現実世界から切り取られた異世界の中に転移させてしまう点にあると気づくチャンスを得ていたのだ。その上、その頃までに著者が理論物理学者として研究を続けていたテーマは、空間の超微細構造を数学的に明らかにすることで量子物理学の基本原理を導くというものであった。つまり、我々がその中に存在する世界の舞台となる「空間」についての真の姿を理解できていたごく少数の物理学者の一人だったのだ。それにもかかわらず、大いに残念なことであるが、「合気」という武道格闘技の最終奥義が相手の周囲の空間を何らか変容させることで相手の体をあり得ないような不安定な状態に陥らせてしまうものだなどと思い至ることができなかったのは、当時の著者がまだ常識的理論物理学者の衣を脱ぎ捨てることができていなかったためであろう。

しかしながら、30年の月日が流れた頃に佐川幸義宗範の門人・塩坂洋一先輩と著者の間で武道専門誌『月刊秘伝』において「合気往復書簡」と題する連載記事を公表する中で、塩坂先輩による驚くべき指摘が提出された。この連載記事は、その後『月刊秘伝』の出版元であるBABジャパン社から共著単行本『佐川幸義宗範の〝神技〟に触れた二人が交わす！　合気問答』として出版されている。これにより、佐川先生による究極の合気技法の本質を理解する手がかりを、ようやく得ることができたのだ。それは「多次元構造を用いる佐川先生の技」と題した論考であり、その内容は本章「空の巻」の冒頭部分に既に引用しておいたものである。

塩坂先輩によるこの貴重な論考のおかげで、佐川幸義先生の晩年の合気をこの身に受けたときから抱いていたものと同じ思いを、同様に佐川先生の合気を受けることができた他の人も持っていたという事実を知ることができた。それだけでは、ない。実はこのとき、著者自身がその数年前に佐川幸義先生の

「空間の多次元構造を用いる合気」

であるかの如き技法を偶然にも操ることができていたという不思議な体験を思い出すこともできたのである。

それは、前著『合気五輪書（上）』を捧げたフルコンタクト空手の炭粉良三氏が2008年の夏、当時著者が主宰をしていた岡山の野山道場に現れ、二度目の合気試行を所望されたときのことだ。当時の著者は、その10年ほど前に神秘的なご縁を頂戴したスペイン人の隠遁修道士エスタニスラウ神父様から継承したキリストの「活人術」である「冠光寺眞

法」を体現できるようになったばかりだったのだが、その本質は

「汝の敵を愛せよ」

というキリストの教えに他ならなかった。その理合を「愛魂（あいき）」と呼び、それに基づく護身技法を「冠光寺流柔術」と呼んで岡山の野山道場において主として女子大生相手に教え始めていたのだが、「愛魂」こそが究極の合気技法であるとはまだ思っていなかったのも事実。ただ、「愛魂」と「合気」は同じものか少なくとも同根のものに違いないとは気づいていたため、その頃に著者が体現していた「愛魂」が「合気」の実相であると武道格闘技界に知らせるべく、「合気」に関する初めての著作『合気開眼──ある隠遁者の教え──』（海鳴社）を世に問うたのであった。

一度目の合気試行においては、『合気五輪書（上）』の巻末に掲載した炭粉氏自らの手になる「合気私考」と題する論考にあるとおり、「合気上げ」と「突き倒し」だけの試行で

「合気」という武道格闘技の究極奥義の存在を感じ取っていただけたのだった。しかしながら、そこは長年フルコンタクト空手に身を投じてきた空手家だけのことはあり、やはり「合気が本当に実戦でも使えるのか?」という疑問が頭をもたげてきたという。そこで、今度は試合やスパーリングのように実戦形式で合気を試したいと、暑い夏の日に岡山まで足を運んできたわけだ。

そして、まさにこのとき、

「空間を変容させる」

という究極の合気を実際に体現できていたにも関わらず、自分自身ではまだ何も気づくことができないでいた。しかし、そのときの信じがたい対戦の結末については、直後に著者自身が『合気眞随—愛魂、舞祈、神人合一という秘法—』(海鳴社)の中に記しておいたので、ここで該当部分を引用しておく。

＊＊＊

五　闘いの中での出来事に学ぶ

話を空手家との闘いの直前の時点に戻そう。

覚悟を決めた僕は、両腕をだらんと降ろしたまま無造作に相手に向かって歩いていったのだった。そして、恐怖感も緊張感もまったくない、穏やかで静まり返った心持ちになっていくと同時に、視野の中でどんどん近づいてくる空手家の存在が急に愛おしく感じられるようになるだけでなく、生きとし生けるもののすべてを受け入れる慈愛が満ち溢れてきたのだ。まるで神の愛がこの僕をとおしてすべてのものに降り注いでいるかのように感じた瞬間、視野の中で極端に大きくなった空手家の左胸に手が楽に届くところまで接近していた。刹那、空手家は何故か右足で下段への回し蹴りを放ってきたのだが、その蹴りのスピードときたらまるで蠅が止まるかのように鈍い。

えっ、フルコンタクト空手の指導者クラスの猛者といえども、その蹴り技はこの程度のものなのか？　いや、そんなわけがない。きっと最初に放たれたこの下段回し蹴り（ローキック）は様子見の空打ちなので、ゆっくりと入ってきているにすぎない。そのフェイントのローキックをかわすようにして相手の懐深く入り込んでしまったのは、空手家の罠にみすみす落ちたようなもので、次には左の鉤突きがこちらの脇腹に炸裂するはず！

そんな相手の作戦が何故か瞬時に読めた僕は、落ち着きはなったままで空手家の左手を見やった。案の定、左肘を直角に曲げた腕のまま鍛え抜いた拳を、僕の右脇肋骨最下部に向かって既に打ち込み始めていた。「やられた！」一瞬覚悟を決めたのだったが、気がつくと空手家の拳はまだ脇腹には到達していない。わずか二〇センチ程度しか離れていないところからの渾身の鉤突《かぎづ》きは、本来ならばコンマ二秒もかからないで打ち込まれる。なのにその拳は未だ放たれた直後の位置にあった。

不思議に思った僕は、そのまま空手家の拳と腕を凝視する。鍛えた腕の張りからして、空手家は確かに渾身のスピードで鉤突きを放っているように見える。ところが、フェイントの空打ちと思われた最初のローキックと同様、二打目の鉤突きもまた、まるで水飴の中で腕を振り回しているかのように遅い。いったい何がどうなっているのか、思考が混乱し始めた僕がふと目を上げると、己が力一杯打ち込んだはずの拳が何故か相手の脇腹に近づけば近づくほどスピードが落ちてしまうという事実に大いに困惑している空手家の顔があった。

空手家は額からもかなりの汗を流しながら、驚きの表情で自分の左拳を見つめ、一刻も早く左鉤突きの拳を僕の右脇腹に到達させようと必死でもがいているにもかかわらず、そのスピードは本当に蟻が這うかのようにしか思えなかった。とはいえ、このままではいつかはなにがしかの鉤突きをくらってしまうことになるので、僕は空いていた自分の右手で空手家の左拳を軽く受け止める。そのとたん、フルコンタクト空手についてはまったくの素人でしかない僕が一撃必倒のローキックをかわしただけでなく、懐に入っていった僕の右脇腹めがけて素早く放った鉤突きをも簡単に右手で封じてしまったことが想定外だったのか、鳩が豆鉄砲をくらったかのような目をこの僕に向けてきた。

むろん、同時に自分の腰を全力で前に押し出すようにして僕の弱々しい右手で受け止めた左拳を、空手家はそのまま僕の右脇腹に押し込もうとする。これでもか！――とこの僕を睨みつけながら――。日々の筋力トレーニングを欠かしたことがないであろう空手家の力は、ところが左拳を軽く受け止めているこの僕の右手にはまったく伝わってこない。空手家がとことん力を入れてきているのは、彼の顔中から滴り落ちる大汗で見当はついていた。にもかかわらず僕の右手には微塵も響かないという事実に、空手家と同じく大いに困惑していた僕は、このいささか薄気味悪い状況に一刻も早く別れを告げたいと考え、空いていた左手の掌を空手家の右脇腹に当てて軽く押してみた。

その刹那、僕の眼前にあり得ない光景が展開する。驚愕の表情の中にも必死の攻撃心を全面に押し出して左拳を突き込もうともがいていた空手家の顔が一瞬のうちに消え、後に残された水滴の弧を描いて飛び散る大量の汗が畳の上に落ちる前に空手家の両足が空を切ったのだ。いよいよ空手の捨て身技を出してきたのかと思ったのだが、現実は違っていた。何と、空手家の身体が腰のあたりを中心にして高速回転するかのようにして上下逆さまになった直後に、大きな叫び声とともに畳に叩きつけられていた。

「ギャー、な、なんだ、これは——！」

まるで濡れ雑巾のように畳の上にべっとり張り付いていた身体を絞るかのように奮い立たせた空手家は、「まだまだ、もう一本！」といい放つが早いか、再び両腕で顔面のガードをしながら殺気を秘めて距離を詰めてくる。僕はといえば、前回同様に棒立ちのままではあったし、眼前に迫りくる血走った眼の空手家の姿を見てまるで乱暴者の放蕩息子が刃向かってくるのを無抵抗で受け止めようとする父親のような慈愛に溢れていたのも同じだった。だが、二回目ということで少しは余裕が出ていたのか、そんなまるで神様になったかのような生きとし生けるものすべての存在を愛おしく思う気持ちの中に、ほんのわずかだけだったが「楽しい！」という感覚が芽生えていたようだ。

無条件に楽しい、ただただ楽しい、心の底から楽しい——などといった表現にある「楽しい」というのが最も適切だとは思えるのだが、ではこの僕自身が楽しいと思えていたのかというと、とんでもない。どういうわけか前回は空手家が全力を出さずに様子見の蹴りや突きをわざとゆっくり放ってきたおかげで、何とか攻撃をくい止めることができ、こちらが左手を空手家の右脇に当てたタイミングでその空手家がたまたま汗で濡れた畳でスリップして転んだだけなのだ。二回目の今度こそは全力で攻撃してくるはずだし、現に目の前の空手家の身体からは前回には見られなかった闘気が発せられている。

当然ながら、これまでフルコンタクト空手の試合などしたこともない僕のような軟弱な人間が、そんな状況で「楽しい」などと思えるわけはない。事実、そのときの僕の頭の中は「いったいどうすればよいのか——?」という役にも立たない考えが木霊するだけで、どちらかというとこのままボコボコに打ちのめされる運命を既に受け入れていたわけだから、「楽しい」わけがないのだ。

だが、奥底のそのまた奥底で、その「今」を無条件に楽しんでいるこの僕以外の「自分」の存在をかろうじて感じ取ることができた。自分ではない「自分」。

そう、そのときの恐怖感も緊張感もない、穏やかで静かな心の奥底に光る小さな小さな「自分」。今まさに突きか蹴りを放とうと近づいてくる空手家だけでなく、生きとし生けるものすべてを受け入れる慈愛が湧き出てくる秘奥に位置する「自分」。まるで神であるように感じる「自分」。その自分でない「自分」が、今この状況を楽しんでいる。

ということは、とんでもない状況に陥っているこの僕の成りゆきを楽しんでいるのは——神様なのかもしれない。その意味では、このとき空手家が対戦しようとしていた相手は既に僕という人間ではなく、この僕に現れてきた神だったのだ。その結果はといえば、いくら鍛え込んでいるとはいえ生身の人間でしかない空手家が神にかなうわけもなく、前回同様に激しい音を立てて畳の上に投げ倒される。

その様子を本来の自分がまるで他人事のように冷静に眺めていたのだが、その視点に立てば空手家の動きはやはり異様にのろいものに映っていた。すばやく間合いを詰めた勢いをも込めた右手正拳突きは、前回の蹴りと同様に蠅というより蚊でさえも止まりそうなスロースピードで、僕は難なく左手で空手家の右手拳を上から軽く押さえることができた。

当然ながら空手家は間髪入れず第二打となる左正拳逆突きを繰り出す。だが、その逆突きもまた見ていてこちらが歯がゆくなるほど極端に遅い。半ばあきれながら、僕は空いていた右手で空手家の左手拳の上に軽く乗せてみた。すると、どうだ——。

必死の形相で次の攻撃を仕掛けようとしている空手家の姿を見やれば、何か極端に冷静さを失っている上に両手両足の自由が効かなくなりもがいているかのようだ。軟弱なこの僕が軽く手を重ねているだけで、鍛え抜いた空手家の両腕が何故か抜き差しできないのみならず、両足もまるで足の裏が畳に張り付いてしまったかのようになって足を運ぶことも蹴りを出すこともできない「死に体」となっていたのかもしれない。

こうして、第二ラウンドも簡単に空手家の攻撃をかわしてその動きを制したのだが、このままでは相手の闘争心は燃え上がったままになる。とりあえず畳の上に投げ倒して終わりにしておかなくては思った僕は、空手家の両方の拳の上に乗せていた右手と左手を本当に軽いタッチで五センチ程度真下に向かってポンと下げた。そのとたん「死に体」でもがいていた空手家の身体は、あっという間にお尻から畳の上に叩きつけられ、周囲には全身から放たれた大量の汗が飛び散る。

「まだまだ、さらにもう一本！」

畳の上で頭を振って正気に戻ろうとしていた空手家は、こう叫ぶが早いか立ち上がりながら再びファイティングポーズで僕との間合いを詰めてくる。正拳突きでは先ほどのように簡単に止められてしまうと判断したのか、今度は勢いよく右膝を曲げて跳びかかりながら右膝から先の足を鋭く回す蹴りを入れてきた。なるほど、これなら初回の回し蹴りよりはすばやく蹴りを入れることができる――。だが、どういうわけかこれまた蠅が止まるようにのろい蹴りにしかならず、空手家の右膝と右足先にそれぞれ右手と左手の掌を当てて簡単に蹴りを止めることができた。

直後に右手を空手家の胸板に当てるようにして前に歩いていくと、蹴り足が上がったままの空手家の身体はたまらず後ろに弾けるように倒れ込み、畳の上には三度大汗の雨が吹き付ける。こうして第三ラウンドも一方的に終了したのだが、空手家はまだ納得できないようだ。

「くそー、もう一本!」

後で本人から聞いたのだが、このとき空手家は何故か自分の身体の切れが悪く動作が緩慢になっていることを考慮し、小手先の蹴り技や突き技を小刻みに繰り出すのをやめて右上段回し蹴り(ハイキック)という大技一本で仕留めるしかないと腹をくくったという。狙いを定めた渾身のハイキックが放たれたとき、傍観者的な位置にあった僕の自我意識はやはり本当に遅い蹴り足を眺めながら、この空手家に自分の蹴りが自分が思っているようには鋭くはないという事実を教えてあげたほうが親切だと、よけいなことまでも考え始めていた。

その結果として、僕は空手家が全力で放ったハイキックを左手の人差し指と中指の二本だけで受け止めるという、とうてい不可能なはずの行動に出てしまう。フルコンタクト空手の回し蹴りは、固定したバットをへし折り、分厚い板を割ってしまう威力がある。従って、それを腕で受け止めようとしても、とことん鍛え込んでない限り下手をすれば腕を折られてしまう。ましてや、回し蹴りを指二本で受けるなどというのは、純粋力学的に考えても不可能というより最悪の場合指を失いかねない愚行でしかない。

そんなことは百も承知の空手家だからこそ、自分自身が渾身の力を振り絞って放った強烈なハイキックがぼんやりと突っ立ったままの僕に、左手の指二本でピタッと止められてしまったときの驚愕の大きさには計りしれないものがある。止められた右足を見つめる眼が異様に大きく見開かれていたことからもある程度は推察できたのだが、フルコンタクト空手についてはど素人の僕はいったい何故空手家がそれほどまでに驚いているのかさえわからなかった。物理学者であれば自分が力学的には無理なことをやってのけたと理解できたはずなのだが、そのときの僕は何も考えることはできない状態だったのだ。

直後、ハイキックの右足を止めた左手の二本指を立てたままにして僕は左手を軽く下げたのだが、何故か空手家の身体もハイキックで大きく降り上げた姿勢のまま宙を舞うようにひっくり返る。今度は畳に投げつけられた雑巾のように、ベチョンと大きな音を立て空手家の身体が畳に沈む。

第四ラウンドがこんな形で終わったため、そのときの僕にひとつの愚かな考えが固まりつつあった。世界最強を謳うフルコンタクト空手というのは、こうして実際に相手をしてみると何やら大したことはない――というように。蝿や蚊が止まるかのような遅い突き蹴りしか出してこないのだから、何もわざわざ敵を愛するという愛魂の技法を使ってまで相手するまでもない。そんなもののお世話になるまでもなく、こんな程度の突きや蹴りなら誰でも簡単にかわせるに決まっている。

本当に愚かの極みだったのだが、第五ラウンドも所望したいという空手家に向かって、こんなバカなことをいい放ってしまう。

「あなたはフルコンタクト空手をなさっているとのことだが、どうもご自分の突きや蹴りがそんなに速く鋭くはないということを認識する必要があるのではないでしょうか。現にそんなスピードと威力では、愛魂などといった奥の手を出すまでもありませんよ。試しに一度愛魂の技法を使わずにやってみましょうか——ただし愛魂を切ってやりますので万が一突きや蹴りをくらったらひとたまりもないので、今回だけはフルコンタクトではなく寸止めでお願いします」

それまでの四ラウンドでは「汝の敵を愛せよ」というキリストの教えに基づいた「愛魂」という活人術技法を駆使していたつもりの僕は、いつも道場でやっているように頭の中を思考優位の左脳モードにすることで愛魂を切った。そのおかげで空手家の姿はより鮮明に視野に入ってきたし、隅々まで注意深く見渡せている自分が戻ってきたことでよけいに安堵した僕は、これまで同様に両腕をだらんと垂らしてまったく無防備のまま戦闘態勢の空手家に近づいていく。空手家の突きや蹴りが出たとしても、蝿が止まるようなスピードでしかないのだから、簡単に止められるという安心感がそうさせていた。

だが、次の一瞬、まさに目にも止まらぬ速さで空手家の両手が動いたかと思うと、わずか一秒ほどの間に何発もの拳が胸から腹部さらには脇腹にまで炸裂する。「えっ！」かろうじてそう思った刹那、右脇腹に痛みを覚える。「くそっ、寸止めしてなかったのか！」激痛と同時に、猛烈な恐怖が僕を襲ってきた。世界最強というフルコンタクト空手の威力を、まざまざと見せつけられたからだ。大いに納得し観念した僕は、白旗を揚げる代わりに空手家に向かってイヤミも入れて声をかける。

「いやー、さすがはフルコンタクト空手の猛者の突き技はすごいですね。まったく、手も足も出ませんでした。突きの速さも威力も確かに噂以上で、寸止めしてもらってもこちらの肋骨にヒビが入ったようです。これほどのものをお持ちなのに、何故さっきまではわざと手を抜いてあんなにゆっくりとした突きや蹴りばかりで攻撃してきたのですか？　こちらがフルコンタクト空手の素人だということで、手加減をして下さったとか――」

やっと本来の動きを取り戻したことを確認できた形の空手家は少しは落ち着きを取り戻したようで、攻撃の構えを解きながら真剣な表情のままで答えてくれる。

「とんでもない、この私が手加減などするわけがありません。最初から全力投球でかかっていっておりました。さすがに前の四ラウンドすべてでボロボロに投げ倒されてしまい、体力が消耗してきていたため、今回の突きなど最初の頃に私が放った突き技に比べれば威力もスピードも半減したものでしかありません。その圧倒的な切れ味の突きや蹴りを愛魂という不思議な技でことごとく封じられてしまったのは、まったくもって不可解千万です。しかし、確かに現実であることに間違いもないはずなのに、愛魂を使わなかった今回はど素人以下の相手になり下がってしまったわけで、今の私の頭は正直混乱の極致といったところでしょうか——。しかし、愛魂という秘技は、この情けないほど弱いど素人のような相手を、たちどころに天下無敵の達人に変貌させてしまうものだという実感が生まれつつあります」

なるほど、これまでの四ラウンドすべてで愛魂を用いていたからこそ空手家の繰り出す突きや蹴りがどれも極端に遅くなっていたし、矢継ぎ早に出せるはずの二の手、三の手の攻撃技もまた、さび付いて固まってしまったかのように感じた身体をやっとの思いで少しずつ動かすことでしか出すことができなかったというのか——! 愛魂の効果はそういうものだったのか!

空手家の素直な感想に耳を傾けていくうち、僕の奥底にいる僕でない僕にいちばん近いところにいる僕の魂は、キリストの活人術の根幹をなす「愛魂」即ち「汝の敵を愛せよ」という秘法についての真の理解にたどり着いていたのかもしれない。

＊＊＊

以上は著者の側からの視点で空手家・炭粉良三氏との合気実践の場面を描いたものだが、もちろんそれでは文字どおり片手落ちとなって事実を客観的に描けていないという懸念を払拭できないかもしれない。幸いにも、この同じ場面を炭粉良三氏の側からの視点で著した「保江邦夫先生　パート2」と題する一文が氏の著書『合気解明—フォースを追い求めた空手家の記録—』（海鳴社）中の第2部にあるので、以下に引用しておくことにする。これで攻守両者が体験した同じ「合気現象」をできるだけ客観的に理解していただけるのではないだろうか。

＊＊＊

保江邦夫先生　パート2

その年の七月十一日の昼下がり、私は岡山の野山武道館に道着をまとって立っておりました。暑い日だった――。

合気上げ、突き倒し。それらの際に顕れる不思議な合気現象の存在は、しっかとわかった。しかしその合気とやらは、はたして実戦に通用するのか？　考えてみれば、如何に不思議でも上記二技は空手でいう「約束組手」即ち状況を固定しての出来事なのだ、どこまでも！

ところが、先生の方から言われたのです。

「スパーリングをしてみましょう」

お互いに関係者は伴わず、たった二人だけの野山武道館。いや、そういえば、横で太極拳の練習をしていた方が二人いらしたか。しかしいずれにせよ、どういう事態になろうとも、お互い恥を公然とさらすことだけは免れる。

「先生から言い出されたことだ。思い切りいこう！」

私はまず一本目、フルコンの定石である間合いを詰めてのワンツーから右アウトローにて攻めようと決めました。ローキック即ち下段廻し蹴りは、素人さんならまずかわしたりブロックしたりはできません。しかも一発食らえばその激痛には耐えられません。もんどりうって苦しむのが関の山。

早く決着をつけてしまおう。そしていかに不思議な合気といえども自由攻防ともなれば話は別だと納得頂き、こんな暑い体育館での稽古は早目に切り上げ一緒にワインでも飲みに行こう。合気の実在はわかったのだから、不思議な話を聞くだけでこちらは満足——。

そんな不遜な考えが頭をよぎる中、私は間合いを詰めていったのです。

お断りしておきますが、これから書くことは天地神明にかけて、全て事実です。

先生の姿が消えた！

「え？」と思った次の瞬間、先生は私の左斜め四十五度の（超近間合の）地点に忽然と現れた！「なッ——何」思う間もなく先生の右掌底《しょうてい》が伸びてくるのが微かに見えた。それなのに私は苦し紛れに、何ともうとっくに先生が移動され誰もいない自分の前方に向けて右アウトローを振っていたのです！

「何してんだオレはッ」と思ったとき、先生の右掌底が私の左脇腹を突いた？　否、押した？　否否、触れただけ？

わけがわからんッ！　何だコレはあッ——！

私は弧を描いて空中を飛んだ！　やがてズダーン（！）と畳に叩きつけられましたが、すぐさま起き上がり構え直しました。

「——」

汗が吹き出てきた。何かの間違いか？　よし、もう一度！

ところが今度は（姿は消えなかったが）真っ直ぐ入ってこられた先生が（どういうわけか、先生の前進の方が速いのです！　こっちだってスーと入っていくのに）私のワンツーより早く両掌底を相撲の諸手突きのように伸ばされました。それが私の胸に触れるや、いきなり天井が見えた！

腰から砕けて、まるでカエルを地面に叩きつけたような無様な格好でベチャッと仰向けに倒れてしまったのです。

「クッ、クッソオオ！」怒りたいのに、怒れないッ！　あろうことか、楽しいのです！

それからというもの、私は後ろ廻し蹴りなどのトリッキーな技も含め、ありとあらゆる空手技を繰り出しましたが、結果は同じ。あるときは宙を舞い、またあるときはその場に潰され、最早なす術もなくなりました。そこで、決心したのです。いきなり右の廻し蹴りを全力で先生の脇腹に振り込んでやろうと！　最早小細工無用。長年鍛えに鍛えてきた今までの全ての力を右足に込めて、ブチ抜いてやる！　受けられるものなら受けてみよッ！

そして、とんでもない光景を見させられてしまうのです。今でも忘れられません。自分の右足がフルスピードで先生の左脇腹に向けて回ってゆく。それに対して先生は私の蹴り足の進むのと同方向に歩いて（！）いかれたのです。スタスタと。そして自分では全力で振っている感覚があるにもかかわらず、その自分の右足が歩いている先生に追いつかない！

「そ、そんなバカなッ」

そのときの感覚は、そう、たとえて言えば夢で恐い怪物と遭遇し、必死に足を動かして逃げているにもかかわらず全然身体が前に進まないという、あの感覚に似ているのかもしれない――。

そして私の足がやがて伸び切り勢いを失った頃、先生の右掌底が伸びてくる。例によって次の瞬間私は空中散歩（笑）。いや、本当に笑うのです。なぜか。そしてまたもやズダダーン（！）と畳に叩きつけられる。横で太極拳の練習をしていた二人はいつしかポカンと口をあけて、こちらの様子を見ている。

「こらアカンわ――」

やることが、全くなくなりました。完敗です。そして、合気の不思議な効果が約束なしの自由攻防でも完璧に通用することがわかったのです。その場にヘタリ込んだ私に先生が言われました。

「炭粉さんには信じられないでしょうが、合気は時間流を変容させてしまう効果もあるのです」

「何だって！」

それを聞いた瞬間に思い出しました。既に極意を使えば時間の流れが変わることを、その著書に書いていた一人の武術家がいたのです！　その方のお名前は近藤孝洋、著書の名は『極意の解明』（近藤孝洋著＝愛隆堂）。

「本当だったのか――何ということだ――」

何をオカルトのようなわけのわからぬことを書いているんだこの人は、と呆れ返っていた自分が恥ずかしい。しかし武術の持つ神秘とはここまで凄いものだったのだ。

感動する私に先生はもう一言言われました。

「さあ炭粉さん、もう一本だけやりましょう。そしてワインを飲みに行きましょう。実はあるんですよ、この岡山には昼間からワインが飲める店が」

憑かれたようにフラフラと立ち上がり、構えました。もう、どうでもよかった。どうせ何をしても無駄なのだから。しかし本能がそうさせるのか、それでも私は間合いを詰めて中断に右鉤突きを放ちました。そのときです。なぜか、わかった！

「いかん！　先生は合気を切っている！」

咄嗟に拳を掌底に変えましたが、止めるには遅すぎた。鈍い音を立てて私の攻撃は先生の左脇腹に今度ばかりは見事に決まってしまったのです。

唸りながらその場に倒れ込む先生。

「どうして！　どうして合気を切った！」

思わず叫び寄りすがる私に先生は答えられました。

「い、いや〜炭粉さん、空手家の突きとは実際どんなものか、味わってみたくなりまして――」

嘘だ！　先生は最後にオレにせめて一本、花を持たせようとして――。

オレの、完敗です先生。全てに、負けました。

こうして私はその場で、うずくまる保江邦夫先生の教えをこの先もずっと受けさせて頂くよう平伏して乞いました。

そしてその後二人で飲んだワインの味も、一生忘れることはないでしょう。

＊＊＊

こうして、究極の合気技法が
「人間がその中に存在する空間を何らか変容させる」

という理合によるものだという確信を得ることができたのである。しかしながら、そのような究極合気の理合を具現するための術理までにも到るには、さらに10年ほどの年月を要したのだ。その間に特に術理解明のために本質的となった寄与は、エジプトのギザの大ピラミッドの王の間で執り行った「ハトホルの秘儀」によるものと、広島市内中心部においてマジックバーを営んでいる超能力者の教えによるものが大きい。これについては「空間合気の術理」と題して次々節において触れることとし、次節においては「空間合気」の理合について詳説する。

○空間合気の理合

それが空間自体を変容させる「次元転移」ないしは「次元変換」によるものではないかという、佐川門下の塩坂洋一先輩の指摘がきっかけとなり、晩年の大東流合気武術・佐川幸義宗範の合気こそが究極の合気技法に違いないという絶対的な確信が生まれ、それを

「空間合気」と呼ぶことにした。また、これまでこの「空の巻」において、「空間」を含む世界の成り立ちを著者が半世紀にわたって理論物理学者として研究してきた湯川秀樹博士による「素領域理論」に基づいて平易な言葉で解き明かしただけでなく、「空間」の背後に高次元の存在としての「霊魂」や「神の愛」といった形而上学的な実体が潜むという事実を「形而上学的素領域理論」によって明らかにしてきた。これにより、「空間合気」を「霊性合気」あるいは「神性合気」などと呼ぶことも正当化できたのである。

それでは、このような基盤の上に立つことによって、実際に「空間合気」の理合をどのように表現することができるのであろうか？　前節において

「人間がその中に存在する空間を何らか変容させる」

という形にまでは明らかにしてきたのだが、問題は「何らか」という曖昧な表現が残っていることであろう。これは、そのような能力を持たない我々にとっては、大きな謎として

眼前に立ち塞がったままであった。

この謎を解く鍵は、しかし意外なところに潜んでいた。それは、著者の知る少数の真の霊能力者が共通した超常的技法を用いて様々な霊能力を示すことができているという事実である。何ら特異な能力など持たない人物が虚言を呈して周囲を騙すほとんどの自称霊能力者とは違い、これら少数の真の霊能力者達にかかったなら誰もがまったくの丸裸にされたかの如く、個人的な秘密などすべてを見抜かれてしまう。しかも、当の本人が知らなかった個人的事実までもが明らかになるのだ。

では、いったい如何にしてこのような本人ですら気づいていなかったようなことも含めて対象とする人間に関するすべての情報に接することができるのかと、真の霊能力者達に聞いてみると、全員が異口同音に同じ技法に頼っているという返答があった。それは、

「どの人間の周囲にもその人を守っている守護霊が数多く存在していて、それら守護霊団に問いかけるとその人についてのあらゆる情報を教えてもらえる」

というまったく予期せぬものだったのだが、少なくともそんなことをいう少数の真の霊

能力者にとっては真実なのである。たとえ、著者を含めてその他大勢の普通の人間には「守護霊」などを認識することなどできない相談であっても、真の霊能力者は例外的にそれが可能なのだ。そして、人間の周囲に「守護霊」が多数存在して「守護霊団」を形作っているように認識できているという事実を、この「空の巻」の「人間とは何か」と題した節において見出した人間の本質を表す近似式

人間≈体＋顕在意識＋潜在意識＝体＋自我＋霊魂

に従って形而上学的素領域理論の枠組の中で理解することにより、「空間合気」の理合をより明確に表現することができる。即ち、

「人間の周囲に『守護霊』が多数存在して『守護霊団』を形作っている」

とする真の霊能力者の認識を裏づけるため、上記近似式における3次元空間に制限された「体＋自我意識」以外の高次元空間に存在する「霊魂」の一部を「守護霊団」として認識しているると考えるのだ。つまり、普通の人間では認識することができず、ましてや意思疎通など不可能とされる高次元空間に存在している「霊魂」の一部分を、その少数の真の霊能力者は「守護霊団」として認識した上にその人間についてのすべての情報を引き出すことができるとするのである。

しかしながら、真の霊能力者といえども他の人間の「霊魂」の一部としての「守護霊団」と意思疎通を体や自我意識を使って直接行っているとは考えにくい。何故なら、真の霊能力者であってもその「自我」としての顕在意識は体と同様に3次元空間に存在しているのである一方、他の人間の霊魂は高次元空間に存在しているからである。高次元空間の側からは3次元空間を認識することはできても、3次元空間の側からは高次元空間を認識することはできないため、真の霊能力者といえども顕在意識と体だけを用いていたのでは対象とする人の「守護霊団」を認識することも情報を引き出すこともできないわけだ。

では、真の霊能力者達は如何なる機序によって3次元空間の側から他の人の「守護霊団」を認識しているのであろうか？　実は、その「守護霊団」を認識しているのは真の霊能力者の3次元空間の中の顕在意識そのものではなく、高次元空間の中に存在する真の霊能力者の「霊魂」が高次元空間の中で他の人の霊魂を認識して情報を引き出しているのである。こうして得られた他の人の情報は当然ながらまずは真の霊能力者の「霊魂」によって受け取られるため、真の霊能力者の潜在意識によってのみ認識される。その後、真の霊能力者の真の霊能力者たる所以なのであろうが、その普遍意識の中で潜在意識から顕在意識に向かって他の人の情報が自然に流れていくのだ。これは、高次元空間の中の潜在意識から3次元空間の中の顕在意識へと移っていく流れであるから、原理的には不可能ではない。そのため、真の霊能力者のような特殊能力を身につけた存在にとっては、日常的に可能となっているに違いない。つまり、非常に希有な存在である真の霊能力者が対象となる人物についての秘密としている情報までも引き出すことができるのは、その人物の周囲の空間の高次元部分に存在する「守護霊団」を自分の周囲の空間の高次元部分に存在する霊魂によって認識し、高次元空間における意思疎通を実現しているに他ならないからであろう。

3次元空間に制限された体と顕在意識のみが認識の主体となっている我々通常の人間が、我々がその中に存在している「空間」を単なる3次元空間としてしか認識できず、そのため3次元空間の背後に拡がる高次元空間の中に存在する守護霊などの霊魂を認識することができないのとは違い、真の霊能力者は「空間」を3次元空間だけでなくその背後にある高次元空間をも含めた「空間」の「多次元構造」を認識できているという事実に着目することができた。このような驚愕すべき能力を秘めた真の霊能力者は著者の知るかぎりにおいても非常に少なく、わずか数名にすぎない。それほどまでに特異で稀な能力であるのだが、それはまた武道格闘技の最終奥義としての「合気」の究極技法である「空間合気」を体現する能力と同じほどに特異であり希有なものである。それほどまでに特異で稀な現象がまったく違ったものとしてこの世界において歴然と存在しているとは考えにくく、もしも本当に存在しているならばそれらは本質的に同一のものないしは同根のものと考えられる。

こうして、「空間合気」の理合と真の霊能力の理合が同根のものである可能性が浮かび上

がってきたのだが、

「人間がその中に存在する空間を何らか変容させる。」

という「空間合気」の理合と

「人間がその中に存在する空間の多次元構造を認識する」

という真の霊能力の理合を比較するならば、「空間合気」の理合としては上記の表現をより詳細にした

「人間がその中に存在する空間の多次元構造を変容させる」

というものを得ることができる。即ち、究極の合気技法は

「自分が存在する空間の多次元構造を用いて相手が存在する空間の多次元構造を変容させることで相手が3次元空間の中での統一的な身体制御をすることができず無力化される」

という作用機序によって具現化されるのだが、この作用の流れを順次示すならば次のようになる。

【第1段】

3次元空間の中に存在する自分の体と顕在意識を用いて高次元空間の中に存在する自分の潜在意識に働きかける。

【第2段】

高次元空間の中に存在する自分の潜在意識が同じく高次元空間の中に存在する相手の潜在意識と同調する。

【第3段】

高次元空間の中に存在する相手の潜在意識が3次元空間の中に存在する相手の体と顕在意識に働きかけて3次元空間の中で統一的な身体制御をできなくする。

この流れを真の霊能力者の場合のように「霊魂」や「守護霊団」などといった形而上学的表現を用いて記すならば以下のようになるであろう。

【第1段】

自分の体と自我を用いて自分の守護霊団に働きかける。

【第2段】

自分の守護霊団が相手の守護霊団と融和調和する。

【第3段】

相手の守護霊団が相手の体と自我に働きかけて無力化する。

これにより、いささか宗教的・精神世界的なニュアンスが色濃くなってはしまうが、究極の合気技法の作用機序の表現としては

「自分の守護霊団と相手の守護霊団を融和調和させることによって相手が統一的な身体制御をすることができず無力化される」

という、純粋に形而上学的なものも考え得るのではないだろうか。

しかしながら、副題を「武道格闘技の最終奥義が物理学の地平を拓く」としたことからもわかるように、本書の目的はあくまで「合気」と呼ばれる武道格闘技の最終奥義の理合と術理についての真の理解につながる物理学の新しい可能性を切り拓いていくことであるため、究極の合気技法である「空間合気」の理合としてはやはり

「人間がその中に存在する空間の多次元構造を変容させる」

としておきたい。

○空間合気の術理

さて、いよいよ武道格闘技の最終奥義としての「合気」の究極技法である「空間合気」の理合を具現するために必要となる術理について解き明かすことにする。これによって、武道格闘技を究めようとしている方々にとっての大きな指針が得られるだけでなく、そのような術理によっていったい何故「空間合気」の理合が体現されるのかについて、物理学の理論的枠組の中で解明することができるような方向へと物理学の地平を拓いていくためのメルクマールが示されることになる。若き武道家や格闘家に加えて、現在の物理学の学問体系に疑問を抱く若き物理学徒の追随に期待するところである。

その「空間合気」の理合としては前節において

「人間がその中に存在する空間の多次元構造を変容させる」

というところまで判明したのであった。そして、この理合の中核となっている「空間の多次元構造」については、これまでの古い物理学における理論体系の中では論ずることもできなかったのであるが、幸いにも湯川秀樹博士の「素領域理論」を継承した著者が拡張した「形而上学的素領域理論」によって論じることができるようになったのだ。これについては本章「空の巻」の中の「世界の実相」と題する節において平易な言葉で解説しておいた。そのため、上記「空間合気」の理合における「空間の多次元構造」についてはある程度の理解が得られているのではないだろうか。また、そのような「空間の多次元構造」を変容させることを我々人間が如何にして可能にするかについても、本章において「人間とは何か」と題した節の中で触れた人間の実相に基づくことによって、やはりある程度の推測が得られているに違いない。

とはいえ、この世界の中においていったい如何なる術理を駆使することで空間の多次元構造を変容させることができるのであろうか？　そのような術理を具体的な形で提示することは、決して容易いことではない。世に英才とか天才と呼ばれる天賦の才に恵まれた人々を見かけることはそれほどには稀なことではないが、究極の合気技法である「空間合気」を体現している人物に到っては、その存在を知ることさえ難しい。それに加え、実際に「空間合気」を身につけていたとしても、自分自身が何をどのようにしてそれを具現させているのかについて言葉による論理で具体的に他の人に伝えることはそれ以上に難しいとされる。さらには、自分自身でさえ何がどうなってそんなあり得ないような武道格闘技の究極奥義を繰り出すことができているのかがまったくわからないまま、それが究極の合気技法であることさえも気づかない場合がほとんどでもある。

著者自身は実際に「空間合気」を体現していた大東流合気武術宗範の佐川幸義先生から、他の門人を排した一対一での直伝を授かるという貴重な体験を得ていたのであるが、その後の４０年間を経ても「空間合気」の理合や術理はおろか、そもそも佐川先生の合気が究極の「空間合気」であったことすら自分では気づけてはいなかった。同じ佐川門下の先輩方を見渡しても、既に記した如く佐川先生の合気技法が空間の多次元構造を用いるものだったと以前から指摘していた塩坂洋一先輩以外には、佐久間錦二先輩しか佐川先生の合気が空間を次元転移させるものだと気づいていなかったのではないだろうか。

確かに、著者が知るかぎり小平市にあった佐川道場で最も多く佐川先生に合気技法で投げられていたのは佐久間先輩であり、それが空間を変容させる技であったことに体験的に気づくことができた門人は他にはいないであろう。

とはいえ、著者を含めて佐川幸義先生の合気技法が「空間合気」だったと気づくことができていた3名の門人であっても、それを体現することはできなかっただけでなく、それを具現する術理にすら気づくこともできていなかったのは事実。ところが、幸運にも2022年の2月15日と6月11日の2回、著者は目の前で著名な超能力者による驚愕のパフォーマンスを目撃しただけでなく、自分自身でも体験することができた。そして、直後にその超能力者から教示していただいた、現実世界ではあり得ないはずの物理現象を引き起こす術理こそが、長らく求め続けてきた「空間合気」の術理そのものではないかという直観的理解に達することができたのである。

もちろん、その後すぐに著者が主宰となっている「冠光寺流柔術」の東京本部道場と名古屋道場でその術理を試したのはいうまでもない。そして、確かにその術理によって究極の合気技法である「空間合気」をはっきりと体現することができたのである。その合気の効果にはすさまじいものがあり、相手を務めてくれた武道歴が長く体格のよい門人が道場の畳に激しく倒れ込んで肩を痛めてしまったほどだった。その門人が語ってくれたことには、これまで著者が繰り出していた合気技法では少なくとも倒される途中経過を認識することはできていたし、自分の足はしっかりと床に踏ん張った上で膝から上の身体部分が崩されていただけだったそうだ。ところが、この新しい合気技法では床の上にあるはずの足の裏から上の全身が一塊になったまま、一瞬でひっくり返されたとしか感じられず気がついたら激しく畳の上に倒されていたため、投げられている途中のことはまったく認識できていなかったという。

これは、まさに著者が佐川幸義先生の「空間合気」をこの身に受けたときの感覚と同じであり、このことからこのとき著者が試した術理こそが「空間合気」を具現させるものに違いないと確信したのだった。ついに長年求め続けてきた究極の合気技法を自在に操るための術理を理解し、体現することができるようになったのである。

そして、まさに著者が幸運にも見出すことができた究極の合気技法である「空間合気」の術理を公にすることが、本書の主題とするところであり、以下においてその術理を記すことで著者の半世紀に及ぶ合気探究の旅に終止符を打ちたいと思う。

先に触れた如く、その術理は広島在住の超能力者の教えによって閃くことができたのだが、そのときの状況は次のようなものであった。手品やマジックではない明らかな超能力を眼前で繰り広げてくれてから、最後に1個の白熱電球を持たされる。見ると、日本の有名電器メーカーが少し前まで製造していた透明ガラスの白熱電球であり、どこにも細工など施されていないことも確認できた。通常はソケットに差し込む電極となる金属製のプラグ部分を左手で握って電球を支えていただけであったから、そのままでは電球が点灯するはずはない。そもそも、電球は電源に接続されたソケットにプラグ部分をねじ込まないかぎり光るはずはないのだ。それが、単に著者の手で握っただけの状態で光るなどということは、この世界では絶対にない。

ところが、その超能力者が著者の左手に握られていた白熱電球に向かって少し離れたところから手をかざした瞬間から明るく輝き始めたのだ。その眩いばかりの輝きはその後数分間にわたって超能力者が手をかざしている間中保たれていたのだが、その間に著者は物理学者として納得できないことが2点あることに気づく。まず、眩しく輝く透明ガラスの白熱電球内部のフィラメントを電球のすぐ近くでジッと眺め続けていても、まったく目が痛くならないという点だ。本当ならすぐに見るのをやめるほどに目が痛くなってしまうのだが、そんな悪影響は皆無だった。次には、光り続けている白熱電球を握っている左手が少しも熱くならないという点が引っかかった。白熱電球はフィラメントが電流によって高温に熱せられることで発光するため、プラグ部分も普通なら手では持てないほど熱くなってしまう。今ではＬＥＤ電球になってしまっているが、ＬＥＤ電球は消費電力は小さくなっているものの、プラグ部分に半導体回路が入っているために白熱電球よりも熱くなる。

つまり、手品用に売られている電池内蔵のLED電球型ランタンでも熱くなるし、そもそもこれほどまでに眩しいまでの輝きは出せないのだ。

それが、普通の白熱電球が眩しく輝き続けていながらもまったく熱くならないのであるから、著者としては大いに疑問に思ったわけである。もちろん、空いていた右手でまだ光っているときの電球のガラス頭部に触れてもみたのだが、本当なら手に軽い火傷を負わせるほどの高熱になっているはずのガラス表面がまったく熱くなかったのには驚かされた。

こうして、物理学者である著者が眼前で生じている超能力者が引き起こしたこの異常な現象は、現実世界の中ではあり得ない種類の物理現象だという印象を強く持ったのだ。そのため、もしそこに何かまだ著者の知らない新しい効果や原理を見出す糸口が隠されているのかもしれないと思い、その超能力者に問いかけてみた。この世界においては不可能な物理現象としか考えられないのだが、そのような現象を何故どのようにして引き起こすことができているのか教えてほしいと。

それに対する広島の超能力者の真摯な返答は、著者にとってまさに目から鱗が落ちる如き、納得のいくものであった。

「この世界の中では電源につながっていない電球が光ることなどあり得ません。そこで、私はまずこの電球とそれを握っている手先の周囲の空間を切り離して、その空間の中だけを別の世界、そこでは電源につながっていない電球が自然に光り輝くことが普通にできる異世界に変えてしまっているのです。なので、電球の周囲の空間の中が異世界になっている間は光ってくれるというわけですね」

著者の左手で握った白熱電球の周囲の空間を切り離し、その中を別の世界に変えてしまう！　その返答を聞いたとき、著者に激震が走った。これこそが、ずっと頭から離れず、まだ手がかりすら見出すことができないでいた

「人間がその中に存在する空間の多次元構造を変容させる」

という「空間合気」の理合を具現する術理に違いないと！

こうして、著者は究極の合気技法である「空間合気」の術理として

「人間の周囲の空間を切り離す」

ことが肝要であることに気づくことができた。また、それに続く第2段階として広島の超能力者が白熱電球を点灯させるためにしたような別の世界に変えるということが必要となるのかと考えてはみたのだが、そのような能力など持ち合わせていない著者としてはどうしようもないため、単に空間を切り離すだけで試す以外に方法はなかった。そして、先に述べた如く、著者の道場で試してみたところ、佐川幸義先生のような「空間合気」を体現することができたのである。

「人間がその中に存在する空間の多次元構造を変容させる」

という「空間合気」の理合が極めて難解なものであるのに比べ、こうして得られた

「人間の周囲の空間を切り離す」

という「空間合気」の術理は大変単純なもので、いささか拍子抜けの感が否めないかもしれない。

だが、この術理を用いることで具現される合気技法の効果には現実世界の常識をはるかに超えたものがあるのだ。それは著者がそうしたように、実際に相手の体を含む空間をその周囲の空間から切り離してから相手の体に軽く手か足を触れることで、相手の体が激しく倒れ込んでしまうことから確認できる。では、いったいどうやれば

「空間を切り離す」

ことができるのか？　そんな疑問を抱く向きも少なくないはず。確かに、相手の体を含む空間を切り離そうと自分でいくら思ってみても、実際にそれらしき効果が現れないということがほとんどかもしれない。古今東西、武道の達人と謳われるごく少数の天賦の才を得た人でなければ、やはり「空間合気」の術理を自在に操ることはできない相談なのであろう。そう考えて意気消沈してしまうのが、自然な流れなのかもしれない。

いや、実はそれほど難しいことではない——。少なくともこの著者ですらできているのだから、著者と同じことをやっていくことで必ず実現するはずなのだ。では、他の多くの人々がまったく思いもよらぬことで、著者だけが、あるいは合気の達人と称された人だけが日々心がけ実践している秘訣は何かというと、これまた決して難しいことではない。それは

「空間と友達になる」

ことに他ならない。あるいは

「空間を愛する」

としてもよい。

少なくとも、著者が常日頃から努力していることはこれしかないのだ。このような表現では信じられないという向きには、例えば「空間」を「神」あるいは「神様」に置き換えて

「神様と友達になる」

とか

「神を愛する」

と理解してもらうのがよいかもしれない。ここにきて前著『合気五輪書（上）』の「水の巻」において示した合気道創始者の植芝盛平翁の教え

「合気は愛じゃ」

のみならず、養神館合気道の塩田剛三館長の教え

「合気道の真髄は自分を殺しにきた相手と友達になること」

さらにはキリストの活人術の教え

「汝の敵を愛せよ」

のどれもが等しく「空間合気」の術理を見事に表現していたことがわかる。即ち、植芝盛平翁は

「合気は（相手を含む空間を）愛すること」

という術理を教え、塩田剛三館長も

「合気道の真髄は自分を殺しにきた相手（を含む空間）と友達になること」

という術理を伝え、キリストの活人術においては

「汝の敵（を含む空間）を愛せよ」

という術理を掲げていたのである。
こうして、日常のあらゆる場面において

「空間と友達になる」

ことを心がけてさえいれば、いつでも自在に

「相手の周囲の空間を切り離す」

ことができるのだ。

武道格闘技の最終奥義である「合気」の究極技法を究めることを目標にする武道家や格闘家の範囲であれば、その術理がこうして明らかとなったところで終止符を打つのも自然なことであろう。だが、本書の副題にあるように、単に合気の究極技法の理合と術理を解

明することだけが我々の目的ではない。それと同時に、物理学の新たな地平を切り拓くことにもつなげたいと考えてきたのだった。そのために、ここで最後に明らかにしておかなくてはならないことがある。それは

「相手の体を含む空間を周囲の空間から切り離す」

という「空間合気」の術理を具現することで、それまで盤石の姿勢で踏ん張ることができていたにもかかわらず、いったい何故相手の体がかくも簡単に一瞬にして倒れてしまうのかという事実についてだ。

地球上に生息する動物の中で人間のみが常時二足直立することができるのであるが、単にバランスを整えることで二足直立しているのであれば、横から強く押されるのには抵抗できず簡単に倒れてしまうはず。にもかかわらず、足を前後左右に運ぶことなく二足直立したままある程度の力には抵抗することができるのは、誰もが経験していることであろう。

ところが、究極の合気技法である「空間合気」によって体を含む空間を周囲の空間から切り離された相手は二足直立した状態からいとも簡単に倒れてしまう。

この事実によって、「人間」という存在が持つ「空間」との間の不可思議な関係性が浮かび上がってくる。それは、人間のみが持つ二足直立できる能力が示す3次元空間の中でのみの物理学では理解しがたいほどの安定性の由来が、3次元空間の背後に拡がる高次元空間の働きにあるという可能性に他ならない。そう、既に「人間とは何か」と題する節において見てきた如く、人間という存在が

人間＝体＋普遍意識＝体＋完全調和＝体＋真我＝体＋神我

という等式で表されるものであるが故に、高次元空間に存在する「普遍意識」ないしは「神」とも呼ばれる「完全調和」ともつながっているからこそ、他の動物では不可能となる安定な常時二足直立が可能となるのである。「空間合気」の術理

「相手の体を含む空間を周囲の空間から切り離す」

の真意としては、従って

「相手の体を含む3次元空間をその背後に拡がる高次元空間から切り離す」

ということになる。

こうして半世紀に及ぶ年月と人生のすべての場面を費やした著者の「合気探究」の旅は、ついに合気の真髄を見出すことで終わりを迎えることができたのだ。象徴的な表現を用いるならば、それは

合気＝高次元遮断（Higher Dimensions Cut-Off）

という人間と宇宙の本質を我々に突きつけてくるかの如きものであった。この事実が示唆するところは、「人間」が存在する場合の物理現象を正しく記述するために必要となるものは、３次元空間だけでなく高次元空間までをも考慮した新しい物理学の理論体系の構築に他ならないということだ。これにより

「人間が認識することによって宇宙森羅万象が存在する」

という「人間原理」の意義をより深いレベルで理解する道が拓けるに違いない。

物理学の若き学徒に期待するところ大である。

おわりに

著者が初めて「合気」という武道格闘技の最終奥義の存在を知ったのは、高校生のときに偶然テレビ放送のルポルタージュ番組で合気道の開祖・植芝盛平翁の神技を見たときであった。小柄なお年寄りが大きな男どもを次から次に投げ飛ばす映像に釘付けとなった高校生は、すぐに市内で一番大きな書店に行き武道・スポーツ関係の書棚をチェックしたのだが、合気道について書かれた本は1冊のみ。それが養神館合気道の塩田剛三館長の手になる新書版の合気道解説書だった。最後まで読み終わったとき、すぐにでも合気道を学びたいと強く思った高校生は、巻末にあった養神館道場の住所を頼りに、塩田剛三先生に手紙を出したのだ。思えば怖いもの知らずというか、世間知らずの田舎者故のことだったのか、それとも合気道への強い憧れのなせる業だったのだろうか。

岡山市内で合気道を学ぶことができる道場を教えてほしいと書いたその拙い手紙に対

し、普通なら考えられないことであろうがすぐに塩田剛三先生からのお返事を頂戴してしまった。

「残念ながら岡山には合気道の道場はまだできていないので、大学進学などで東京に出てこられるときには是非とも訪ねてきてください」

というお手紙の内容に心を打たれた高校生は、しかしながら大学は東京ではなく仙台に出ていったため、養神館ではなく大学合気道部で合気道を始めた。いつかは東京に行って塩田剛三先生に稽古をつけていただきたいと思いながら——。大変残念なことに、一度もお目にかかることができないまま、先生は天に召されてしまわれた。

しかし、幸運の女神には見放されてはいなかったようで、「武の神人」と謳われた大東流合気武術の佐川幸義宗範に入門を許されたおかげで「合気」の真髄をこの身で体験する機会に恵まれ、こうして半世紀に及ぶ合気探究の旅を満喫することができたのだ。その素晴らしい旅に終止符を打つ目的で本書の原稿をほぼ書き上げようとしていたとき、こうして見出すことができていた究極の合気技法である「空間合気」の理合と術理を次世代に直接伝え遺しておきたいという思いが強くなっていた。ちょうどそんなタイミングで、塩田剛三先生の孫である塩田将大君から声がかかり、彼が主宰している合気道の道場に呼んでいただいたのだ。

これこそ、高校生のときに受けた塩田剛三先生のご厚意に対する心からのお返しになると直感した著者が、この千載一遇の機会を用いて塩田将大君に「空間合気」の理合と術理のすべてを伝えることができたのは、彼もまたその生来の優しさ故に「空間を愛する」ことができていたからではないだろうか。こうして無事に若い世代の代表へと武道格闘技の最終奥義の真髄を託すことができたのは、高次元空間から笑みを浮かべてお孫さんを見守ってくださっている塩田剛三先生のおかげに違いない。

そういえば、「空間と友達になる」さらには「空間をとおしてすべての存在を愛する」という「合気」の本質となる「優しさ」を日々の生活において人知れず実践してくれていたのも著者の若い門人・森口さやか七段であった。後は免許皆伝の前山泰彦師範が率いてくれるこの二人のような若い世代に託すこととし、老兵は潔く立ち去ることにしたい。

と、まあ、これで長い旅を終えることができるはずだったのだが、ここにきて老体が再び召し出されることになってしまった。前著『合気五輪書（上）』を捧げた一人、炭粉良三氏が遺してくれた7冊の著書

『合気解明―フォースを追い求めた空手家の記録―』（海鳴社）
『合気真伝―フォースを追い求めた空手家のその後―』（海鳴社）
『合気流浪―フォースに触れた空手家に蘇る時空を超えた教え―』（海鳴社）
『合気深淵―フォースを追い求めた空手家に舞い降りた青い鳥・眞法―』（海鳴社）
『合気解体新書―冠光寺眞法修行叙説―』（海鳴社）
『零式活人術―たまたま手にした驚きの施術―』（海鳴社）
『零式活人術II』（海鳴社）

において氏が熱く伝えてくれた如く、著者による「合気探究」の物語はまるでジョージ・

ルーカス監督の人気映画シリーズ『スターウォーズ』における「フォース探究」の物語に強く重なっている。帝国軍の要塞デススターを破壊し銀河に平和をもたらした後の主人公ルーク・スカイウォーカーが辺境の惑星に隠遁するかのように、著者もまた今回の『合気五輪書（下）』の上梓を機にまさに身を引こうとしていたのだった。

映画『スターウォーズ』の中では悪の権化であるシスに虚言を吹き込まれたアナキンがダークサイドに落ち込んでダースベイダーとなっただけでなく、その孫にあたるレンもまたシスの巧みな言葉に翻弄されて暗黒面に入ってしまう。著者の物語ではアナキンやレンに相当する、生まれながらの才能に恵まれて免許皆伝となっていた古参だが若い女性門人が悪意ある虚言に惑わされ、闇の方向へと大きく道を違えてしまった。このままではせっかくその実相が明らかとなった「合気」が、間違った理解や解釈が乱立することによって再び混沌たるものになってしまうかもしれない。

そんな悪い予感をどうしても払拭することができなかった著者は、レイに相当する別の若い女性門人が今のうちにその天性の「優しさ」に裏づけられた真の「合気」を身につけてくれるよう、老体に鞭打って本書で解明した「合気」の理合と術理を直伝する場を宇治の萬福寺に用意したのだった。そのため著者が継承してきたキリスト活人術「冠光寺眞法」の中に「次元流合気術」という新たな流儀を興し、「高次元空間遮断」による「空間合気」の理合と術理を個人教伝によって優しき者のみに伝えることを決意したのである。

著者の最後の務めを見事に果たしたあかつきには、再びシスの虚言に合気達者が翻弄されることのないよう、個人教伝の詳細を「遺書」として世に問うつもりではある。

乞う、ご期待！

令和5年盛夏、白金の寓居において

保江邦夫

著　者：保江　邦夫（やすえ　くにお）
岡山県生まれ．
東北大学で天文学を，京都大学と名古屋大学で数理物理学を学ぶ．
スイス・ジュネーブ大学理論物理学科講師，東芝総合研究所研究員，
ノートルダム清心女子大学大学院人間複合科学専攻教授を歴任．
大東流合気武術佐川幸義宗範門人
著書は『数理物理学方法序説（全８巻＋別巻）』（日本評論社）
『量子力学と最適制御理論』『脳と刀』『合気眞髄』『神の物理学』『神代到来』
『量子医学の誕生』など多数．
公式ホームページ　https://yasuekunio.com

合気五輪書（下）
2023 年 7 月　　第 1 刷発行

発行所　㈱海鳴社　http://www.kaimeisha.com/
〒 101-0065　東京都千代田区西神田２－４－６
電話　03-3262-1967　FAX　03-3234-3643
E メール：info@kaimeisha.com

発　行　人：横井　恵子
組　　　版：中込　照明
印刷・製本：シナノ印刷

出版社コード：1097
ISBN 978-4-87525-361-7